高等职业教育汽车类专业校企合作"互联网+"创新型教材

新能源汽车技术发展导论

主　编　王玉彪　郭海龙
副主编　郑少鹏　李　化　张小帆
参　编　张红伟　李　林　宋柱梅
　　　　巫兴宏　冯妹娇　韩彦明
主　审　郭继崇

机械工业出版社

本书比较全面地阐述了全球新能源汽车技术的发展情况，主要涉及纯电动汽车、混合动力电动汽车、燃料电池电动汽车、氢发动机汽车以及其他新能源汽车（如超级电容电动汽车、飞轮电池电动汽车、太阳能电池电动汽车和智能网联汽车等）。

本书为"广东省新能源汽车教育资源工程技术研究中心"成果，本书出版得到了深圳风向标教育资源股份有限公司的大力支持。

为方便教学，本书配有大量教学资源（含PPT、微课视频、教学文件等），凡选用本书作为授课教材的教师均可登录机工教育服务网 www.cmpedu.com 下载。还可以通过扫描二维码链接查看微课视频，方便教师授课和学生课外学习。

本书可以作为高职高专、普通高等院校以及中职技校汽车类专业学生教材，也可供相关专业人员参考。

图书在版编目（CIP）数据

新能源汽车技术发展导论/王玉彪，郭海龙主编. —北京：机械工业出版社，2020.6

高等职业教育汽车类专业校企合作"互联网+"创新型教材

ISBN 978-7-111-65612-8

Ⅰ.①新… Ⅱ.①王…②郭… Ⅲ.①新能源-汽车-高等职业教育-教材 Ⅳ.①U469.7

中国版本图书馆 CIP 数据核字（2020）第 081932 号

机械工业出版社（北京市百万庄大街22号　邮政编码100037）
策划编辑：蓝伙金　责任编辑：蓝伙金
责任校对：王　欣　封面设计：鞠　杨
责任印制：张　博
三河市宏达印刷有限公司印刷
2020年7月第1版第1次印刷
184mm×260mm·10.75印张·4插页·265千字
0001—1900册
标准书号：ISBN 978-7-111-65612-8
定价：35.00元

电话服务　　　　　　　　　网络服务
客服电话：010-88361066　　机 工 官 网：www.cmpbook.com
　　　　　010-88379833　　机 工 官 博：weibo.com/cmp1952
　　　　　010-68326294　　金 　书 　网：www.golden-book.com
封底无防伪标均为盗版　　机工教育服务网：www.cmpedu.com

序

自从1836年托马斯·达文波特发明第一辆直流电机驱动的电动汽车以来，以电动汽车为代表的新能源汽车经过近200多年的发展，目前进入了电动化、网联化、智能化和共享化的"新四化"阶段，特别是电动化的趋势尤为明显。2019年前10个月，全球累计销售新能源汽车176.36万辆，我国2019年全年新能源汽车累计生产124.2万辆，销售120.6万辆。在新能源汽车快速发展的过程中，相关从业人员需求数量也在不断攀升，为此，国内众多汽车类院校也在不断加大新能源汽车专业人才的培养数量。

纵观市面上新能源汽车相关书籍，主要以技术类书籍为主，也有一些概论类书籍，但讲述全球新能源汽车技术发展历史类的书籍比较少。获悉王玉彪等编写团队，立足技术发展脉络，以技术和产业发展史实为依据，通过大量的文献分析，编写了本书，本人十分欣喜。读完该书稿，有以下几点感受和期望：一是编写团队组织合理，由企业、院校及研究院所的专业技术人员组成。二是态度严谨，信息全面。本书在编写过程中，编写团队查阅了大量的文献资料，掌握了第一手的技术和史实信息。三是写作规范，内容科学。四是结构合理、系统性强。五是时效性高。本书虽是讲述技术发展历史，但信息和资料的收集时效性高，已将最新的产品、技术信息融入书中。

我衷心地期望本书的出版能够对我国新能源汽车行业的发展、技术的进步和人才的培养起到推进作用，也希望本书对新能源汽车行业的从业者有所启迪和启发，更希望在新能源汽车产业不断发展的大潮中，各位同行、学者为本书的丰富和完善，不断提供帮助，进而为快速推动我国乃至全球新能源汽车技术的进步和产业的发展做出贡献。

仅此赘言，是为序。

陈全世

清华大学教授、博士生导师

前　言

当前，能源和环境已成为世界面临的两大问题，引起政界、学界、商界以及民众的高度关注。汽车工业的发展给大众提供了便利的交通出行方式，但同时也带来了能源消耗和环境污染的问题。因此，近年来，全球各大汽车生产国又开始发展新能源汽车，并将发展新能源汽车作为提高产业竞争力、保持社会可持续发展的重大战略举措。虽然，不同国家发展新能源汽车的技术路线和战略重点并不相同，但新能源汽车作为未来汽车产业重要发展方向，已成为共识，也成为众多汽车领域企业的重要研发方向。

新能源汽车行业的发展离不开人才的培养，其中既需要研究型、工程型等复合型人才，也需要技术型、技能型人才。为此，编撰一本广泛适用于广大新能源汽车领域人才培养的书籍，普及新能源汽车相关技术发展信息，为本领域相关人士从事有关工作提供帮助，也为新能源汽车领域相关爱好者提供一个新能源汽车技术发展全貌，便是摆在本书编写组面前首要考虑的一个重要问题。

为此，本书以导论为主要编写形式，阐述了全球新能源汽车技术发展的主流相关信息。首先，本书以简史的形式，阐述了全球新能源汽车发展概况，给读者一个整体认知；然后，从全球主流新能源汽车整车企业的视角，描述了新能源汽车技术发展概况，主要包括纯电动汽车、混合动力电动汽车、燃料电池电动汽车、氢发动机汽车和其他新能源汽车。

本书力求为新能源汽车"技术发展"历史脉络画像，书中既有历史性普及知识，又有专业性概括内容，适用于高职高专、普通高等院校以及中职技校汽车类专业学生的学习和相关院校教师的教学及研究工作。

本书由王玉彪、郭海龙担任主编，郑少鹏、李化、张小帆担任副主编，郭继崇担任主审，张红伟、李林、宋柱梅、巫兴宏、冯妹娇和韩彦明等参与本书编写相关工作。本书在编写过程中，得到了清华大学博士生导师陈全世教授、华南理工大学李礼夫教授、华南农业大学赵新教授、广东交通职业技术学院刘越琪教授、李怀俊教授、广东省科技职业技术学校赵刚副校长、广州汽车集团汽车工程研究院陈金华博士、广州沙河丰田汽车销售服务有限公司林坚高级工程师等众多同行、专家和领导的支持和帮助，由于本书篇幅所限，恕不一一列举，在此一并表示最诚挚感谢。

本书在编写过程中，因涉及文献信息量众多，作者参阅了大量的国内外文献，在此，编撰团队对原作者表示真诚的感谢，特别鸣谢国内外相关汽车企业，正是这些企业的不断创新和研发，才产生了无数优秀的新能源汽车技术和产品，终而汇集成了全球新能源汽车美丽的画卷，进而才有本书的诞生。虽作者竭力全面收集相关技术资料，但限于篇幅，无法穷尽市面所有的车型，以及相关车型的所有技术，仅能点到为止，如有疏漏，恳请读者朋友们给予指正。读者如想详细了解相关技术的细节，可参考相关技术类书籍，或者与作者团队联系。

  由于本书信息收集和整理难度较大，加之编写时间紧张，尽管团队付出了大量的时间和精力，但因编撰团队水平有限，我们深知书中定有疏漏和不足之处，恳请广大读者、同行朋友们给予批评斧正！以便再版时我们及时修正。

编者

于广州

二维码索引

序 号	名 称	二 维 码	页 码
1	石油危机的发展过程		13
2	充电桩的认知		16
3	新能源汽车的分类		18
4	纯电动汽车常见驱动形式		28
5	动力电池系统形成过程		29
6	汽车制动能量回收系统		37

（续）

序　号	名　　称	二　维　码	页　码
7	PLA3.0 智能泊车辅助系统		38
8	永磁同步电机结构		46
9	充电接口认知		47
10	新能源汽车充电技术运用		48
11	混合动力并联式		66
12	混合动力串联式		66
13	混合动力混联式		66
14	丰田 THS 混合动力技术原理		69

（续）

序 号	名 称	二 维 码	页 码
15	本田iMMD混合动力技术原理		78
16	无线充电		82
17	插电式混合动力电动汽车的工作原理		85
18	增程式混合动力的工作原理		88
19	燃料电池工作原理		94
20	丰田燃料电池电动汽车的结构特点		100
21	本田燃料电池电动汽车的结构特点		102
22	氢发动机工作原理		108

(续)

序　号	名　称	二维码	页　码
23	转子发动机结构及工作原理		109
24	超级电容工作原理		116
25	飞轮电池结构		120
26	太阳能电池汽车技术发展		125
27	智能网联汽车的结构特点		134

目 录

序
前言
二维码索引

第1章 电动汽车发展简史 ... 1
1.1 电动汽车的诞生期 ... 2
1.1.1 电池的发明 ... 2
1.1.2 电机的发明 ... 2
1.1.3 电动汽车的出现 ... 3
1.2 电动汽车的发展期 ... 5
1.2.1 美国电动汽车的发展 ... 5
1.2.2 欧洲电动汽车的发展 ... 7
1.3 电动汽车的萧条期 ... 10
1.3.1 电动汽车的萧条以及燃油车的崛起 ... 11
1.3.2 电动汽车萧条的主要历史缘由 ... 12
1.4 电动汽车的机遇期 ... 13
1.4.1 第一次石油危机（1973—1974年）... 14
1.4.2 第二次石油危机（1979—1980年）... 14
1.4.3 第三次石油危机（1988—1990年）... 15
1.4.4 第四次石油危机（2002—2008年）... 15
1.5 电动汽车的爆发期 ... 15
1.5.1 电池技术不断迭代 ... 16
1.5.2 驱动电机技术取得长足进步 ... 17
1.5.3 纯电动汽车、混合动力电动汽车、燃料电池电动汽车并驾齐驱 ... 17
参考文献 ... 19

第2章 纯电动汽车技术发展概况 ... 21
2.1 全球第一辆产量最高的纯电动汽车 ... 22

目　录

2.2 美国纯电动汽车技术发展 ·· 22
  2.2.1 福特纯电动汽车技术发展 ·· 22
  2.2.2 通用纯电动汽车技术发展 ·· 24
  2.2.3 特斯拉纯电动汽车技术发展 ·· 25
2.3 日本纯电动汽车技术发展 ·· 30
  2.3.1 丰田（TOYOTA）纯电动汽车技术发展 ································ 30
  2.3.2 日产（Nissan）纯电动汽车技术发展 ·································· 31
2.4 德国纯电动汽车技术发展 ·· 34
  2.4.1 宝马（BMW）纯电动汽车技术发展 ··································· 34
  2.4.2 大众 e-高尔夫纯电动汽车技术发展 ···································· 36
2.5 韩国纯电动汽车技术发展 ·· 38
2.6 法国纯电动汽车技术发展 ·· 40
2.7 中国纯电动汽车技术发展 ·· 43
  2.7.1 比亚迪（BYD）纯电动汽车技术发展 ································· 43
  2.7.2 吉利（GEELY）纯电动汽车技术发展 ································ 48
  2.7.3 蔚来（NIO）纯电动汽车技术发展 ···································· 49
  2.7.4 北汽（BAIC）新能源纯电动汽车技术发展 ··························· 51
  2.7.5 小鹏纯电动汽车技术发展 ··· 55
  2.7.6 威马（WELTMEISTER）纯电动汽车技术发展 ······················ 56
  2.7.7 江淮（JAC）纯电动汽车技术发展 ···································· 57
  2.7.8 宝骏纯电动汽车技术发展 ··· 58
  2.7.9 广汽新能源纯电动汽车技术发展 ····································· 59
  2.7.10 奇瑞纯电动汽车技术发展 ·· 60
参考文献 ·· 63

第3章　混合动力电动汽车技术发展概况 ····························· 66

3.1 全球第一辆混合动力电动汽车 ··· 67
3.2 日本混合动力电动汽车技术发展 ··· 68
  3.2.1 丰田普锐斯（Prius）混合动力电动汽车技术发展 ····················· 68
  3.2.2 三菱欧蓝德混合动力电动汽车技术发展 ······························· 75
  3.2.3 本田混合动力电动汽车技术发展 ······································ 77
3.3 德国混合动力电动汽车技术发展 ··· 80
  3.3.1 宝马混合动力电动汽车技术发展 ······································ 80
  3.3.2 奔驰混合动力电动汽车技术发展 ······································ 82
  3.3.3 保时捷混合动力电动汽车技术发展 ···································· 83
3.4 美国雪佛兰 Volt 增程式混合动力电动汽车技术发展 ····················· 83
3.5 韩国现代混合动力电动汽车技术发展 ······································ 84
  3.5.1 索纳塔（Sonata）混合动力电动汽车技术发展 ························ 84
  3.5.2 现代领动插电混合动力电动汽车技术发展 ····························· 86

3.6 中国混合动力电动汽车技术发展 ··· 87
    3.6.1 比亚迪混合动力电动汽车技术发展 ····································· 87
    3.6.2 理想增程式混合动力电动汽车技术发展 ······························· 88
    3.6.3 吉利混合动力电动汽车技术发展 ·· 91
参考文献 ··· 92

第 4 章 燃料电池电动汽车技术发展概况 ·· 94

4.1 全球第一辆燃料电池电动汽车 ··· 95
4.2 美国燃料电池电动汽车技术发展 ·· 95
    4.2.1 通用汽车公司的燃料电池电动汽车技术发展 ························· 95
    4.2.2 福特公司的燃料电池电动汽车技术发展 ······························· 98
4.3 日本燃料电池电动汽车技术发展 ··· 100
    4.3.1 丰田汽车公司的燃料电池电动汽车技术发展 ······················· 100
    4.3.2 本田公司的燃料电池电动汽车技术发展 ····························· 101
4.4 德国燃料电池电动汽车技术发展 ··· 103
    4.4.1 奥迪 A7 Sportback h-tron quattro 燃料电池电动汽车 ············· 103
    4.4.2 高尔夫 SportWagen HyMotion 燃料电池电动汽车 ················· 104
    4.4.3 戴姆勒燃料电池电动汽车 ·· 104
4.5 中国燃料电池电动汽车技术发展 ··· 105
参考文献 ··· 106

第 5 章 氢发动机汽车技术发展概况 ··· 108

5.1 日本马自达氢发动机汽车技术发展 ·· 109
5.2 德国宝马氢发动机汽车技术发展 ··· 110
5.3 美国福特氢发动机汽车技术发展 ··· 112
5.4 中国氢发动机汽车技术发展 ··· 113
参考文献 ··· 114

第 6 章 其他新能源汽车技术发展概况 ·· 115

6.1 超级电容应用于新能源汽车技术发展 ··· 116
    6.1.1 日本超级电容混合动力电动汽车技术发展 ··························· 116
    6.1.2 欧美超级电容混合动力电动汽车技术发展 ··························· 117
    6.1.3 中国超级电容混合动力电动汽车技术发展 ··························· 118
6.2 飞轮电池及混动系统应用于新能源汽车技术发展 ···························· 119
    6.2.1 飞轮电池及飞轮混动系统技术特点 ···································· 119
    6.2.2 国外飞轮电池及飞轮混动系统技术发展 ····························· 121
    6.2.3 国内飞轮混动系统技术发展 ·· 124
    6.2.4 国内外飞轮混动系统技术路线对比分析 ····························· 124
6.3 太阳能电池汽车技术发展 ·· 125
    6.3.1 世界上第一辆远程太阳能汽车——光年一号（Lightyear One） ··········· 125

6.3.2　国外太阳能汽车技术发展 …………………………………………… 127
　　6.3.3　中国太阳能汽车技术发展 …………………………………………… 128
6.4　智能网联及智能共享出行技术发展 ………………………………………… 130
　　6.4.1　智能网联汽车技术发展 ……………………………………………… 130
　　6.4.2　智能共享出行技术发展 ……………………………………………… 141
参考文献 ……………………………………………………………………………… 147

附录　新能源汽车技术发展大事记 ……………………………………………… **150**

参考文献 ……………………………………………………………………………… 157

第 1 章

电动汽车发展简史

新能源汽车的定义在不同的应用场景有所不同，而且其内涵也随着行业的发展和汽车技术的进步，而不断地变化。

工信部 2017 年第 39 号文定义，新能源汽车是指采用新型动力系统，完全或者主要依靠新型能源驱动的汽车，包括插电式混合动力（含增程式）汽车、纯电动汽车和燃料电池汽车等。该文主要对新能源汽车生产企业及产品准入管理方面进行了规定。

工信部 2009 第 44 号文的定义，新能源汽车是指采用非常规的车用燃料作为动力来源（或使用常规的车用燃料、采用新型车载动力装置），综合车辆的动力控制和驱动方面的先进技术，形成的技术原理先进、具有新技术、新结构的汽车，包括混合动力汽车、纯电动汽车（BEV，包括太阳能汽车）、燃料电池电动汽车（FCEV）、氢发动机汽车、其他新能源（如高效储能器、二甲醚）汽车等各类别产品。在教育领域，为了使学习者能够更加全面地学习和掌握各种类型新能源汽车的相关技术，本书主要沿用工信部 2009 第 44 号文的定义和范围。

1.1 电动汽车的诞生期

1.1.1 电池的发明

1745 年,荷兰物理学家马森布洛克发明了莱顿瓶,人类第一次可以存储电能。1752 年,美国人本杰明·富兰克林(Benjamin Franklin)证明了闪电发出的火花能够引起酒精燃烧,并且首次在电学中应用了正负号,为电在驱动领域的应用开了先河[5],此后用于电动汽车驱动的电池技术不断发展,如图 1-1 所示为 19 世纪出现的可充电电池和 1859 年法国物理学家普朗特发明的可充电铅酸蓄电池[9,13]。

图 1-1 19 世纪的可充电电池和普朗特发明的铅酸蓄电池

1903 年,针对电动汽车的核心——电池,出生在美国的化学界工程师奥利佛·帕克·弗里茨勒(Oliver Parker Frichle)在丹佛市注册了高续驶、高性能、高耐久性的电池专利。

1.1.2 电机的发明

1769 年,詹姆斯·瓦特(James Watt)通过极大地提高蒸汽机的效率,为发电机的应用做出重要贡献[1]。1821 年,法拉第发现了自感和互感现象,并利用电磁产生了力。1824 年,多米尼克·弗朗西斯·阿拉果(Dominique Francois Arago)又应用法拉第原理,演示了与磁针同轴安装的旋转铜盘的感应现象,这已经非常接近电动机的原型。1828 年,物理学家阿尼斯·杰德里克发明的世界上第一台实用的电动机[3],如图 1-2 所示。

图 1-2 阿尼斯·杰德里克展示了他发明的世界上第一台实用的电动机

这几项工作对于电动汽车的诞生具有重要历史意义,使得电动汽车呼之欲出,但电动机和发电机技术发展并没有停止,随后 1836 年美国人托马斯·达文波特(Thomas Davenport)也制作出了实用的电机,用来驱动车床,1837 年托马斯获得美国电机行业的第一个专利。1864 年的王尔德(Wilde)、1866 年的德罗密利(De Romilly)和 1867 年的威廉·拉德（William Ladd）都制造出了直流电机。值得说明的是，1873年，比利时人格拉姆（Zenobe Theophile Gramme）设计出了不但可以发电的发电机，而且反过来可以充电的电动机，其工作性能接近当今水平的电动发电机。

1.1.3 电动汽车的出现

伴随着电机技术的发展，1828年，被称作直流电机之父的匈牙利发明家、工程师阿纽什·耶德利克（Anoyos Jedlik），在实验室试验了通过电磁转动来驱动的行动装置。1834年，美国人托马斯·达文波特利用直流电机，造出了第一辆直流电机驱动的电动汽车[1]，但由于技术原因，该车只能行驶一小段距离，且时速无法超过6km/h，根本无法代步[2]，如图1-3所示。

1832—1838年，苏格兰的罗伯特·安德森（Robert Anderson）也在研究电驱动的车辆，他给马车装上了电池和电机，将其改造成一辆电动马车，这辆车使用的电池无法充电，且由于车辆本身的原因，无法应用于日常使用，[9]除此之外，他还发明了电驱动火车。

1840年，英国出现有轨电车的专利。1867年，奥地利发明家弗朗茨·克拉沃格尔（Franz Kravogl）在巴黎世界博览会上展示了电动两轮车，如图1-4所示。

图1-3 托马斯·达文波特制造的直流电机驱动电动车[2]

图1-4 弗朗茨·克拉沃格尔展示的电动两轮车[3]
（后有彩图）

1873年，英国人罗伯特·戴维森（Robert Davidsson）用一次性电池作为动力，发明了一辆电动汽车，成为世界上第一辆可供使用的电动汽车，但由于这辆车无法充电原因，并没有被列入国际的确认范围[9]。1881年，法国工程师古斯塔夫·特鲁夫用铅酸蓄电池为供给电能，造出了世界上载入史册的第一台电动汽车，该车是可充电的三轮电动汽车，用了两个西门子的电动机，车重仅为160kg，最高时速12km/h，如图1-5所示。

1882年，英国威廉·爱德华·阿顿（William Edward Ayrton）和约翰·培里（John Perry）两位教授合作制作了一辆电动三轮车。这辆车用铅酸蓄电池驱动，电池额定电压为20V，为0.37kW的直流电机提供电能。1884年，英国发明家托马斯·帕克在伦敦制造了第一辆电动汽车，并安装了他自己专门设计的高容量可充电电池。1888年，德国工程师安德烈亚斯弗

图1-5　古斯塔夫·特鲁夫制造的第一台电动汽车[3,9]（后有图）

洛制造了德国的第一辆电动汽车（Flocken Elektrowagen），分别如图1-6所示。[3,4]

图1-6　托马斯·帕克和他发明的电动汽车以及安德烈亚斯弗洛的电动汽车（重建于2011年）

1890年，安德鲁·里克组装了美国的第一辆电动三轮车，如图1-7所示。之后他又组装了一系列先进的电动车辆，比如在1890年，他在从英国进口的三轮车上装上了自己制造的0.12kW的电机，功率与特鲁夫的三轮车相近。里克的三轮车重量只有60kg，平路时速可达到13km/h，电池电压为8V，可用约4h，续驶里程约为48km。

图1-7　安德鲁·里克设计过的电动车

1891年，美国的莫里森（William Morrison）在艾奥瓦州杜蒙市制造了一辆电动汽车，这是一辆六座客车,能够达到 23km/h 的速度,如图 1-8 所示。1892 年,美国芝加哥电池公司总裁麦克唐纳(J. B. McDonald)买下了这辆车,并在 1893 年芝加哥哥伦比亚展览会上展出,莫里森的车是出现在芝加哥街道上的第一辆电动汽车。这辆车有 24 个蓄电池,总重量为 349kg,能够提供 112A 的电流和 48V 的电压,充电时间需 10h,电机为 3kW。

图 1-8 莫里森制造的电动汽车[6]

1.2 电动汽车的发展期

全球各个国家的电动汽车经过了诞生期之后,纯电动汽车的电池和电机两大系统都有了较大的进步,基于此景象,市面上逐渐出现了一些功能比较简单的纯电动汽车。在 19 世纪 90 年代到 20 世纪初,这 10 余年间,尽管德国的工业发展居世界首位,但对机动车辆的兴趣远不及法国。英法两国位于英吉利海峡两岸,两国的电动汽车发展速度呈均衡状态。美国起步比英法两国晚 8~9 年,但发展速度很快超过了英法两国。

1.2.1 美国电动汽车的发展

1894—1905 年是早期美国电动汽车的黄金时代,当时的整个美国呈现出一派繁荣昌盛的景象,这个阶段还不是内燃机汽车工业的时代,根据美国《Automobile》杂志给出的数据,美国 1900 年登记在案的 33842 辆汽车中,蒸汽机车占 40%,电动汽车占 38%,内燃机汽车占 22%。电动汽车虽然不弱,但也没强到夸张的程度。

1894 年,费城的亨利·莫里斯(Henry G. Morris)和皮德罗·萨罗姆(Pedro G Salom)两个工程师成立了电动客车与货车公司,制造出了经久耐用的车辆,他们称其为电动运输车,该车由当时的小货车改造而成,后轮大,前转向轮小,电池容量为 100A·h,由 60 个酸性蓄电池组成,电池重量为 726kg,全车总重量为 1928kg,电机是通用电气公司的产品,功率为 2.24kW,短时间功率可达 6.71kW,电机重量为 136kg,从功率、重量比来看该电机在当时取得了较大的进步,如图 1-9 所示。

后来，他们又携手将电动车辆应用在了商业领域，制造了商用车，这辆车比他们的第一辆要轻得多，只有749kg，车上装有四组电池，每组12个蓄电池单体，每个蓄电池单体的容量为50A·h，而且这辆车采用的是两个11kW的伦德尔电机。车辆有四个前进档和一个倒档，车辆的最高时速为32km/h，续驶里程为40km，这个数字在当时是比较高的。这辆小车的风格恰似电动小货车，就是现代车辆的前身，底盘全是冷拉钢管，辐条轮的设计与自行车一样，装有充气轮胎和滚珠轴承，传动装置与他们的大车一样。

图1-9 莫里斯和萨罗姆制造的电动货车[7]

到1895年年底，莫里斯和萨罗姆共同组装成了一辆电动轻便货车，展示了他们在电动车辆设计方面的创造性，人们把这种车叫作克劳福德小货车，车轮为大小相同的自行车式的充气轮胎。值得注意的是，此车由两个小电机驱动，带动电机的电池放置在驾驶人座位下面，他们在当时已经意识到了载重能力的重要性及辐条轮拐弯性能的优越性。

在这个时期，机动车大奖赛也从一个侧面促进了汽车技术的发展，如《芝加哥时代报》于1895年11月28日举办了芝加哥—埃凡斯顿—芝加哥机动车大奖赛。另据《汽车时代》报道，从1895年7月1日至11月1日，300多种各式各样的机动车辆正在设计制造，电动车辆也成为汽车这一多彩时代的一个组成部分。

1896年左右，霍尔茨-卡波特电气公司为满足一位富有的波士顿人的愿望，组装了一辆电动大四轮车，该车两个铰接式后座可向前翻转，便于乘客上下。这辆车的电池置于车厢里，分4组，每组有11个，共有44个酸性蓄电池，容量为250A·h，额定放电电流为25A，储有20kW·h的能量。控制器是位于转向手柄旁边的一根拉杆。车轮用滚珠轴承来减小阻力。

同年，蒙特哥梅里·华德公司购买了两辆如图1-10所示的电动汽车。这是一辆电动大四轮车，采用两个1.49kW的单极减速电机，每个电机通过齿带分别与后轮内侧的大齿轮啮合。此车最高时速为23km/h，由美国电动车辆公司制造，电池由叙拉古电池公司生产。此外，查斯·史幕文森-布罗斯公司像华德公司一样，也利用电动车辆来销售产品。到19世纪末，很多公司都拥有电动送货车车队，如布什酿酒公司用50辆电动货车来运送啤酒。

1898年，美国克林顿·E·伍兹（Clinton E. Woods）设计的汉森车使用了硬橡胶轮胎，四轮双座，并且驾驶位高居于车后，车辆两侧及车内均装有电灯，车内还有暖脚

图1-10 蒙特哥梅里·华德公司购买的电动车辆

装置。电驱动部分使用了两个电机，功率为 4.85kW。车辆总重为 1179kg，续驶里程为 48km，该车 1899 年在美国第一届汽车展览会上进行了展示，如图 1-11 所示为 1905 年伍兹设计的电动汽车。

图 1-11　1905 年伍兹设计的电动汽车[8]

1899 年，伍兹公司的注册资本达 1 千万美元，在当时是一个庞大的数字，这个阶段伍兹还设计了布鲁厄姆车（即驾驶位在车厢外的四轮车）、朗道车（即双排座开合式顶棚四轮车），以及可坐 2~4 人的双座轻便车。布鲁厄姆车装有电池，每个电池重 13kg，这些电池带动两个 900W 的电动机，每个电动机重量为 34kg。朗道车上的电池更多，电动机功率更大，但轻便车上只有 20 个蓄电池，每个电池重量为 10kg，电池带动一个 1500W 的电动机。为了不断提高电动汽车的续驶里程，伍兹还对电池的更换方法进行了尝试。

1908 年，美国的化学工程师奥利佛·帕克·弗里茨勒用自己名字成立了"弗里茨勒汽车和电池公司"，并生产制造了续驶 160km 的电动汽车，弗里茨勒·维多利亚·辉腾（Fritchle Victoria Phaeton），如图 1-12 所示，该整车重约 950kg，电池组由 28 个电池包组成，重约 360kg，车辆具有能量回收系统，并可由液体计量器查看电池电量[9]。

图 1-12　弗里茨勒·维多利亚·辉腾（Fritchle Victoria Phaeton）[9]

1.2.2　欧洲电动汽车的发展

1865 年，英国议会针对汽车出台了世界上第一部道路安全法规，法规中有这样的规定：机动车在道路上行驶速度不得超过 6.4km/h，通过城镇村庄不得超过 3.2km/h；每辆车至少要有 3 人驾驶，其中一个人必须在车前 50m 摇动红旗做引导，为机动车开路，汽车不能超过红旗。因摇动小红旗，这一法案被戏称为"红旗法案"，如图 1-13 所示。

这一法案不切实际的规定使汽车退化为马车，严重阻滞了英国汽车工业的发展，扼杀了让英国在当年成为汽车大国的机会，汽车工业在美国迅速崛起，欧洲相比稍显偏慢。

1882 年，英国的阿顿和培里的电动三轮车组装成功；同年，菲力巴特将注意力瞄准陆地运输车，在比利时做成一辆有轨电车，然后运到英国伦敦来做实验。实验由拉德克利弗·华德（Radchffe Ward）负责，但由于商业电池质量不合格，实验被迫终止。

图 1-13 "红旗法案"执行期间的行车场景[10]

1887 年，华德电气公司制作了一辆电动出租车，运行在英国布莱顿的街道上。1888 年，华德又制作了一辆电动公共汽车，在伦敦街道上运行时速可达 11km/h，由于该车不会造成路面的损坏和街道的污染，受到伦敦市民的欢迎，如图 1-14 所示。这辆电动车的电池是福尔门电池，电机是格拉姆电机，电机通过链条与车轮上的链轮连接，并采用蜗轮机构转向和脚踩制动，驾驶人站立在电动车的前部操纵车辆，与当时的有轨电车十分相似。之后，华德电气公司被新成立

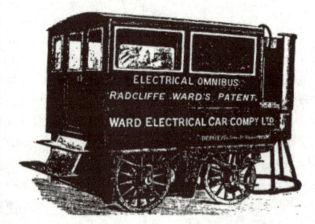

图 1-14 1888 年华德电气公司制造的电动公共汽车

的伦敦电动公共汽车公司以 25 万英镑收购。此后，电动轿车、电动出租车陆续在英国出现。

同年，位于欧亚交界的土耳其国王对付尔克的轻便车着了迷，付尔克因此为国王制作了一辆车，这辆车有四个车轮，电机的功率为 0.75kW，电机的小齿轮直接与驱动后轮用链条连接，轮子的内圈用小木块镶嵌成齿轮的形状，转向手柄是转向盘式，转向盘的轴在齿轮一端与一个扇形齿轮连接，扇形齿轮与前轴紧紧啮合，该转向系统与现代车比较接近，制动系统采用脚踏式，摩擦制动器对后轮进行制动，整车重量为 45kg，其中 70% 是电池的重量，改装以后时速可达 16km/h，在坚硬的道路上，续驶里程能达到 40km。

与土耳其国王类似，维多利亚女王也曾拥有一辆电动车辆，该车使用了福尔门蓄电池，车身的材料为铝，外形像三轮车，车轮配备了米其林轮胎。这辆车的外形与付尔克设计的轻便车相似，但比早先的电动车辆都有所改进，由于车身和底盘采用了当时的新金属——铝制，所以其重量轻。此外，轮胎采用米其林充气轮胎的原因是米其林兄弟在巴黎—巴尔多—巴黎的车辆竞赛中使用过这种轮胎而赢得了良好的声誉，而福尔门蓄电池由于有一个极板网栅，使氧化铅不从金属板上脱落，这也是电池发展的一大进步。

1897年,在耽误了差不多30年后,"红旗法案"被废除,随即伦敦电动出租车公司成立,由15辆车组成。正值此时,莫里斯和萨罗姆在纽约也成立了电动出租车辆公司,纽约的电动出租车队由13辆车组成。纽约的出租车用后轮控制方向,而伦敦的出租车用前轮控制方向,但电机和控制器都是美国生产的。

伦敦的电动出租汽车使用的铅酸蓄电池的电压为80V,在30A放电电流的情况下,电池容量为130A·h,电池重量为635kg,全车装备重为1360kg,加上乘客,续驶里程为80km。所有这些出租车在一个固定的充电站由一个交流电机驱动一个直流发电机为电池充电,转换效率为86%。电机为翰逊·伦德尔电机,其定子有两组相同的绕组,转子也有两组相同的绕组和两个换向器,电机内部通过改变连接方式来控制车速,进而实现电机起动、4.8km/h、11km/h和15km/h的速度,它取代了几乎所有电动车辆一直都在使用的电池电压调节方法,在控制方面有所创新和突破。电机轴上的小齿轮带动一个装有差速器的副轴,副轴的两端与相对应的后轴用链条连接。该车只有一个座位,座位上铺有防振垫,轮胎材料是硬橡胶,车厢内外都装有电灯。由于电动车辆的不断发展,以及如德格拉菲尼、普沙恩、詹韬德、达拉克等人取得的成就,加之电动车辆无声行驶等优势,使电动出租车被纳入1900年巴黎博览会的展出计划。詹韬德和达拉克等设计的电动车辆在博览会上取得了很大成功,使电动出租车的需求量达到1000辆左右。相比当时没有消声器的内燃机车辆噪声大、振动严重、发动机故障率高,电动车辆几乎没有噪声,又容易操作,车速也限定约为15km/h,且市内行驶距离不远,这些因素都为电动出租车提供了最理想的应用场景。

1898年,德国人波尔舍发明了一款前轮驱动的双座电动车,命名为"Lohner-Porsche"(洛纳·保时捷),这辆车和同时代的其他电动车相比,使用了前轮轮毂电机技术,每个轮毂电机提供不到2.28kW的功率输出,可将83%的有效电能转化为驱动轮动力,这个数字在当时十分惊人。随后波尔舍在20世纪又为这辆车两个后轮装上轮毂电机,成为世界上第一辆四轮驱动的电动车[11],如图1-15所示。

德国西门子——舒克特在1897年前后制作了一辆钢丝辐条轮的电动三轮车,车上24个电池重130kg,电压48V,车轮转矩由一个转速为800r/min的电机提供。该车的特点是采用了脚踏和电动两种制动装置,三轮车载着两位乘客以全速行驶时,能够在2~3m内完全停稳,证明了电制动的可行性。据记载,这种方法首先于1897年在英国的布什巴利车上使用。

图1-15 第一辆四轮驱动的电动车[12]

图1-16 La Jamais Contente 炮弹外形的电动汽车[9]

1899 年，法国人卡米勒·詹纳兹（Camile Jenatzy）在巴黎郊外，用自己设计的一辆名为 La Jamais Contente 炮弹外形的电动汽车，以 105.88km/h 的速度刷新了内燃机汽车保持的速度记录，这是电动汽车史上第一次突破 100km/h，La Jamais Contente 电动汽车保持着这个速度记录，一直到 20 世纪，如图 1-16 所示。

1900 年德国柏林电气专家卡尔曼博士（M·Kallman）对 14 辆电动车辆进行了测试，包括客车和货车等。通过测试，他发现电池质量与整备质量（包括铅酸蓄电池）之比越高，车辆性能就会越好，当比例在 33% 的情况下，续驶里程便能达到 30km。在测试中，有一辆车的续航里程达到 66km，但绝大多数车的续驶里程都在 32~40km 范围内，如果天气不好，一般只有 32km。经济性能的测试结果表明时速在 8~10km/h 范围内，整备质量分别在 1.15~3.5t 时，功率需求是 0.97~4kW，轻型车辆每吨需要功率 0.87kW，重型货车每吨则需要 1.1kW。

1901 年，法国人克里格（M. Krieger）设计并制作了一辆小型电动车辆，其全车装备重量只有 771kg，其中 363kg 是福尔门铅酸蓄电池，占 47%，两台 2.28kW 的电机每台重 50kg，每马力约为 16kg，每台电机的小齿轮与连接在前轮上的大齿轮啮合。克里格仍然采用普通的电压调节方法控制不同的速度，行车控制上有以下模式：起动、停止、慢速、中速、快速、高速、发电制动和倒车，发电制动是通过使电机短路来完成的，该车最高时速为 34km/h。两台电机看上去像两个鼓，电机两边就是前轮。轴上的小齿轮与车轮上的齿轮啮合。

总而言之，这十几年间的电动车辆代表了车辆制造技术的精华，高雅的四轮车、背靠背车、双轮轻便车、汉森车和四轮运货车都可以立即起动、加速并且几乎完全没有噪声。这些电动车辆都装备有钢丝辐条车轮、充气轮胎和舒适的座椅，在城市的街道上可以以 40km/h 的速度行驶。里克、伍兹、蒲柏、倍克等设计的车辆都很完善。而那时的蒸汽汽车都很容易受寒冷天气的影响。一是产生蒸汽的过程非常缓慢，二是每加一次水后续驶里程不如电动车辆。燃油汽车仍然有许多弱点，其一，燃油发动机的工作性能不够好，特别是在寒冷的气候下，散热器中的水必须排出；其二，由于那时没有消声器，汽车的噪声之大，连马匹都受到惊吓。因此，1900 年，电动汽车的发展达到了成功的顶点。从 1902 年往后，所有的汽车包括电动汽车、蒸汽汽车和汽油汽车均采用鱼雷式车身，也正是在那一年，电动汽车变得不再受欢迎了。[1,5]

1.3　电动汽车的萧条期

有学者将电动汽车的发展期描述为"黄金期"，无论怎样总结，电动汽车的黄金发展时代如同昙花一现。改变这一趋势的一个词汇就是"旅游"，提到旅游，马克·西姆在蒲柏制造公司负责电动汽车开发项目时，将他自己开发的电动车辆从公司总部哈特福德开到附近地区。就这样，他成了第一个驾驶电动汽车旅游的人。

不仅如此，20 世纪初，美国人热衷于旅游，旅游的观念完全改变了美国，这促使美国建设出横跨美国大陆的公路网，进而也改变了石油公司的命运，促使西方国家到中东地区开采石油。石油的开采，给燃油汽车带来了生机，而给电动汽车带来了厄运。从此，汽车的续航里程首次成了非常重要的因素，充足电的电池只能使马克·西姆的电动汽车行驶 40km，而一箱汽油能使亚历山大·温顿的燃油汽车行驶322km。而且，加一箱油只需要5min，给电池充电却需要5h之久，这种状况到了20世纪末还是没有改观。

此外，随着内燃机的技术不断提高，燃油汽车的优势越来越明显，续航里程长，加油时间短，使用效率更高，相对于纯电动汽车，形成了绝对的优势，再加上纯电动汽车的充电远远没有内燃机车方便，因而在很长一段时间里，纯电动车变得不温不火，虽然还有发展，但还是慢慢退出了汽车市场。

1.3.1 电动汽车的萧条以及燃油车的崛起

1897年，博施第一个将磁电机点火装置用于汽车发动机上，大大提高了发动机的工作效率和性能，该装置是在气缸燃烧室内装置带电极的火花塞，通过断电器周期性断开线圈，产生高压电火花，点燃混合气，福特的T型车就采用了磁电机点火。

1902年，费城电气公司拥有一个车队，车队由56辆电动汽车、62辆内燃机汽车、22辆摩托车和56辆马车组成，马车配有63匹马，在不断的运营过程中，人们越来越认识到内燃发动机是更好的汽车动力源。

1903年，福特在美国底特律城市创办了福特汽车公司，并于1908年生产出T型车，这是世界上第一辆属于普通百姓的汽车，如图1-17所示。1913年，福特汽车公司开发出世界上第一条流水线，使T型车的总产量达到1500万辆，缔造了一个至今仍未被打破的世界纪录，世界汽车工业革命也由此开始，后人将福特尊称为"为世界装上轮子的人"[5]。

自福特公司采用流水线生产T型车后，汽车的价格一路下跌。如1908年T型车刚刚问世时，最初售价仅为850美元，采用流水线生产方式后，T型车的价格到1916年已经降至360美元，到1925年，更是降至240美元。而在1913年电动汽车的价格普遍要比汽油汽车高约1000美元，此外，20世纪初，汽油的价格也有所回落，在车价和油价双重打击下，电动汽车退出历史舞台也是必然的。

图1-17 福特生产的T型车[13]

以美国为例，1906年汽油汽车保有量就已经突破了10万辆，比1912年电动汽车保有量的峰值还要高，电动汽车的市场份额逐渐下降，经营电动汽车业务的公司也陆续开始衰败。比如贝克机车公司1906年还生产了800辆电动汽车，是当时最大的电动汽车生产厂商。1907年，该公司已经拥有了17款车型。1913年以后在内燃机汽车的冲击下，贝克机车公司举步维艰。1916年生产出最后一批电动轿车之后，这家公司的电动工业货车生产持续了若干年。此后，贝克机车公司转向生产电动叉车和电机，后来发展成为一个大型货物搬运设备生产公司。尽管贝克公司得以幸存，但它已经不再涉足电动汽车领域，只局限在特殊电动汽车的生产。

安德森电动汽车公司也在1910年左右产量达到顶峰，每年生产约1000～2000辆电动汽车。1919 年，安德森电动汽车公司更名为"底特律电气公司"，但其繁荣并没有持续多久。1929 年，美国华尔街股市崩盘，随后的经济危机使底特律电气公司只能按照零星的订单来生产，虽然身处逆境中的底特律电气公司还是执着地推出了一些新车型，但产量都很小。约在 1939 年，底特律电气公司生产出了最后一批车，从此之后便不再从事电动汽车的生产。

欧洲的电动汽车也逐渐衰落，比如英国伦敦贝尔赛（Bersey）电动出租车公司并没有持续很长的时间，于 1899 年就停止了运营。随后的 1903 年，英国伦敦的大街上开始出现了汽油出租车。法国人达拉克的汽车公司早期生产电动汽车，但在 1900 年生产出了第一辆内燃机汽车，随后达拉克汽车公司开始转向内燃机汽车的生产。德国人波舍尔也于 1906 年受雇于奥地利戴姆勒公司，并设计了著名的 Mercedes Electrique-mixte 混合动力车型，此后，他也退出了电动汽车的研究，将主要精力放在内燃机汽车上。

总体来讲，在 20 世纪初美国电动汽车还处于不断取得卓越成就的黄金岁月，欧洲就已经将主要发展方向瞄准了燃油动力车辆，电动汽车在欧洲提早进入了沉睡期。

1.3.2 电动汽车萧条的主要历史缘由

1. 道路改善凸显了续驶里程短问题

在 20 世纪初期以前，美国的公路大多是乡间小路，即使到了 1914 年，全美铺设好的公路也不超过 2 万 km，所以当时公路的状况导致车辆的应用场景仅仅是短距离行驶，对于续驶里程相关的车辆技术没有更高的要求，电动汽车续驶里程短的缺陷并未凸显。

前已述及，19 世纪末 20 世纪初美国兴起旅游运动，民众对公路需求日益增加，对公路质量的要求也越来越高。1920 年，美国修筑了第一条全长为 191km 的高速公路，到了 1936 年美国公路的总里程达到了约 525 万 km。随着公路网络的不断完善，人们也越来越热衷于驾驶着汽车进行长途旅行，美国成了"轮子上的国家"。由于公路的发展，人们对汽车的续驶里程提出了更高的要求，使得在当时技术条件下电动汽车续驶里程过短的问题暴露无遗，并成了阻碍其发展的主要因素。

2. 自身问题限制了电动汽车的发展

除了外在的影响，电动汽车自身问题有电池技术问题、充电设施问题、使用便利性问题等都成为阻碍其发展的藩篱。

1) **电池技术问题**。虽然在 19 世纪电池技术得到了长足进步与发展，但进入 20 世纪后，电池技术却一度处于停滞的状态。直到第二次世界大战之后，随着基础理论研究的突破和新型电极材料的开发，电池技术才进入快速发展时期。尽管这样，也无法完全满足电动汽车续驶里程和充电时间的需要，电动汽车因其自身技术的局限在当时根本无法与汽油汽车抗衡。

2) **充电设施问题**。电动汽车的充电也成为限制电动汽车发展的因素。在 20 世纪初，充电设施并不普及，许多"服务站（加电站）"没有连到电网上，而且电动汽车没有使用标准电压，电动汽车使用者必须购买昂贵的充电设备，来满足不同电压的电动汽车充电需要，这就使电动汽车充电的成本很高。此外，这个时期的标准化不足，有些是爱迪生推荐的直流电，有些是威斯汀豪斯和特斯拉提倡的交流电。由于电网未标准化，也没有标准电压，电动汽车充电很不方便。

3) **使用便利性问题**。在 20 世纪 30 年代，美国的大多数人口居住在农村，农村与城市、农村与农村之间的交通距离通常比较远，这就需要使用方便、续驶里程长的汽车。在当时，

1 加仑的汽油重 2.19kg，具有 37.4kW·h 的能量，而存储同样能量的蓄电池组却重达 998kg，也即同等续驶里程的电动汽车比内燃机汽车要笨重得多，且 1900 年前后，电池充电需要 5h，充满电只能行驶 40km，而油箱加油只需 5min，加满油后可以行驶 322km，因此电动汽车开始受到人们的冷落。

3. 世界大战影响了汽车技术的走向

两次世界大战给人类造成巨大灾难的同时，也极大地影响了汽车技术发展的走向，是电动汽车和汽油车此消彼长的重要因素。一战期间，各主要参战国的军队都需要大量的交通运输工具。战前在欧洲和美国的街道上占主导地位的马车，也很快被机动性更强的车辆取代。如果说在一战中汽车只是小试牛刀的话，那么二战中机动性极强的汽车就扮演着举足轻重的角色。为了适应战争的需要，各主要参战国都加紧对军用车辆技术的研发，吉普车等风靡世界的车型就是那时候发展起来的。此外，二战期间的 6 年里，世界各国共生产并装备了约 29 万辆坦克。很多民用汽车生产厂商也都转向军用车辆的生产，可以想象，在瞬息万变的战场，时间就是生命，不可能也没法去发展充电时间长、续驶里程短的电动汽车。

战争对交通运输工具的需求极大地促进了汽车工业的发展，但这些由军事需要而引发的技术进步基本上都只针对内燃机汽车，极大地促进了内燃机汽车的技术进步，进而使电动汽车不再成为主流。

4. 内燃机汽车技术取得突破性发展

早期的汽车就像如今的部分拖拉机，都是用手摇动曲轴来起动发动机。这样的起动方式很费力，尤其对于女性就更不方便。1910 年，通用汽车工程师发明了第一款车用起动机，并于 1912 年将其安装在了凯迪拉克上。这项发明淘汰了手摇起动，极大地方便了汽油汽车的起动，大大提高了汽油机的安全性。

除了操作问题之外，早期汽油汽车的噪声也非常扰人，其噪声很大部分来自排放尾气时排气管的剧烈振动。马克西姆发明了马克西姆消声器，为汽油汽车的噪声控制做出了巨大贡献，该消声器安装在排气管上，有效地减小了汽油汽车的噪声，并于 1909 年获得了专利，成功实现了商业化。

虽然内燃机汽车自问世以来就存在着噪声和环境问题，但在当时并未引起大众的重视，尽管电动汽车比内燃机汽车要环保得多，但当时人们并不重视保护环境，很少有人理会内燃机汽车带来的问题。直到后来，环境不断恶化，环境污染事故频发，人们才意识到环境保护的重要性，兴起了环境保护主义运动，给电动汽车又带来了新的希望。

1.4 电动汽车的机遇期

随着技术的不断进步，工业的飞速发展，工业的血液——石油的使用量越来越大，石油的使用主要造成了两方面影响。

其一，由于石油大部分通过燃烧来产生效能，其引起的污染越来越严重。最有代表性的事件就是 1952 年的伦敦雾霾事件。由于大量工厂生产和居民燃煤取暖排出的废气难以扩散，积聚在城市上空，伦敦被浓厚的雾霾笼罩着，导致了交通瘫痪，市民不仅生活被打乱，健康也受到严重侵害，许多市民出现胸闷、窒息等不适感，发病率和死亡

石油危机的发展过程

率急剧增加，伦敦因此有了"雾都"的绰号，如图 1-18 所示。

此外，"洛杉矶光化学烟雾事件"也受到了全世界的关注。洛杉矶在 20 世纪 40 年代就拥有 250 万辆汽车，每条公路每天通过的汽车达 17 万辆次，每天大约消耗 1100t 汽油，并排出巨量的碳氢化合物、氮氧化合物和一氧化碳，整个洛杉矶变成了一个毒烟雾工厂[15]。为此，1969 年，美国制定了《国家环境保护法案》，1970 年 12 月，成立了环境保护局。

除了英国和美国，远在大洋彼岸的日本也未能幸免。1955—1970 年，日本经济高速增长，石油、化工和机械制造等产业迅猛发展，使日本快速摆脱了战后的萧条，重新迈入世界经济强国的行列。然而，由

图 1-18 "雾都"伦敦[14]

于当时日本对环保和公害治理态度消极，自然环境遭到了极其严重的破坏。

其二，进入 20 世纪 60 年代以后，随着欧洲进入工业化中期，石油危机也显现了出来。由于当时所探明的石油储量并不多，石油的消耗量又与日俱增，加之随后爆发的几次石油危机，让人们对石油能源的忧虑感不断增强。

这些问题都为新能源汽车的发展形成机遇。正因为能源和环境问题，电动汽车以其节能、清洁无污染的特点再次引起了人们的关注，重新登上了汽车工业的历史舞台。

1.4.1 第一次石油危机（1973—1974 年）

1973 年第四次中东战争爆发，直接导致了第一次石油危机。1973 年 10 月 16 日，石油输出国组织"欧佩克"决定提高石油价格。随后欧佩克成员中的阿拉伯产油国决定减少石油生产。几天之后，实行石油禁运。当时，美国、西欧和日本消耗的大部分石油都来自中东。石油提价和禁运在西方世界中引起轩然大波，许多国家的经济出现一片混乱。有着"车轮上的国家"之称的美国，石油缺口导致两万多家加油站关闭，幸存的加油站前面排起了长龙，受此影响，美国汽车产量在 1974—1975 年连续两年下滑，同比分别下降 19%、9%。由于燃油价格上涨，往日"用油如水"的美国人也不得不节俭起来，许多人开始步行上班，家庭妇女们外出时也考虑"拼车"。期间，美国一家小型私人企业赛百灵公司（Sebrin Vanguard Inc），推出了一款在当时颇为成功、十分受欢迎的电动汽车 Vanguard Citicar。

1.4.2 第二次石油危机（1979—1980 年）

1979 年，伊朗发生了推翻巴列维王朝的伊斯兰革命，社会和经济出现剧烈动荡。原油供应突然减少，油价迅速攀升。紧接着，两伊战争爆发，两国的石油生产完全陷入停顿，世界石油供应再遭重创，产量剧减，油价上涨，全球石油产量一度只有两伊战争前的五分之一，而其他各主要产油国也轮番提高油价。这次石油危机也成为 20 世纪 70 年代末西方经济全面衰退的一个重要原因。美国政府估计，国内生产总值在第二次石油危机中下降了约

3%。全球汽车销量同样受到影响，在 1979—1982 年期间，连续四年下滑，并促使汽车工业开始考虑用其他驱动方式来替代燃油驱动的可能性。

1.4.3 第三次石油危机（1988—1990 年）

1990 年，伊拉克入侵科威特，由此爆发了海湾战争。在伊拉克攻占科威特之后的三个月内，国际油价从每桶 14 美元突破 40 美元。美国、英国经济加速陷入衰退，全球 GDP 增长率在 1991 年跌破 2%。随着国际能源机构启动了紧急应急计划，每天将 250 万桶的储备原油投放市场，以沙特阿拉伯为首的欧佩克也迅速增加产量，使这次高油价持续时间不长，很快世界石油价格趋于稳定。

1.4.4 第四次石油危机（2002—2008 年）

2002 年国际市场的原油价格每桶均价为 24 美元，2007 年为 72.5 美元，2008 年夏天，国际市场的原油价格一度上升到每桶近 150 美元的历史"天价"，下半年又迅速跌落至每桶约 40 美元。2009 年又有所回升，到 2009 年 10 月底，国际市场的原油价格为 75.53 美元。有专家称其为"第四次石油危机"。

此时，电动汽车不排放污染物且油耗为零的特性又回到人们的视线，但是此时的电动汽车技术经过相关研究者的创新和发展，很多方面已取得突破性进展，这些都为下一阶段电动汽车的回归做好铺垫，特别是小型电动汽车慢慢在一些特殊的市场站稳脚跟。总结起来，20 世纪 70 年代，世界各国受到石油危机的重创，电能、风能和太阳能等替代能源的利用被提上日程，电动汽车再次吸引了世人的目光，迎来了它的第一次机遇。20 世纪 90 年代，继能源危机之后的环境问题日益严峻，世界各国纷纷推出新的汽车尾气排放限定标准，这样，电动汽车以其低污染的特点又一次为世人看好，这是电动汽车发展的第二次机遇。

1.5 电动汽车的爆发期

20 世纪 90 年代起，欧美等发达国家因时制宜，陆续出台了相应法规限制汽车尾气的排放，如 1990 年美国加利福尼亚州政府制定了零排放汽车 ZEV（Zero Emission Vehicle）法案，为每种车制定了"积分"系数，规定了与销量挂钩的积分基准，该法案一直修订至今。1993 年，美国启动了美国汽车技术革命的合作计划（PNGV 计划），计划要求开发出 3 倍于现行车燃油效率的新一代车辆。1997 年，PNGV 计划完成了新一代汽车的技术选择，确定了轻质材料、混合动力、高性能发动机和燃料电池为 PNGV 计划的主要技术方向。2000 年，美国三大汽车公司都陆续推出了各自的 PNGV 概念车。同期，欧洲成立了"城市电动汽车"协会。法国政府不但为电动汽车免税，还为购买电动汽车的用户提供补助，这大大提高了人们购买电动汽车的热情，当时最受购车者欢迎的车型是标致 106 型电动汽车。德国在巴伐利亚州投入了 300 辆电动汽车，也为电动汽车消费者提供车价 30% 的资助。

除了政策支持，20 世纪 90 年代初期各个国家都开始建立了电动汽车示范区，从技术的角度推动电动汽车的发展。如法国在 20 世纪中期，就建立了电动汽车示范区，并在 20 世纪 90 年代初期达到顶峰。当时，法国建立了首个电动汽车系统工程，包括 12 个充电站、标致 106 以及雪铁龙 AX 电动汽车，并租赁给政府工作人员、个体劳动者和公司职员等用户。德国政府也在吕根岛建立了欧洲电动汽车试验基地,并在1992—1996年间进行了装备新型蓄电池和动力系统的电动汽车实测运行。日本汽车界进入20世纪90年代,也开始关注电动汽车,并在大阪市进行了电动汽车示范运营,建立了10个快速充电站,将100多辆电动汽车租给公司或私人使用。

1994年,由美国政府资助,世界近30家企业和相关政府机构联合启动了CAFCP示范项目。该项目在加州进行,希望通过在实际运行工况下操纵和测试燃料电池轿车和公交车,对这项新汽车技术和相关基础设施技术起到示范作用。轿车包括戴姆勒-克莱斯勒公司的F-Cell、福特公司的FocusFCV、通用公司的Hydrogen3、本田公司的FCX、现代公司的Santa Fe FCEV、日产公司的Xterra FCV、丰田公司的FCHV Highlander以及大众公司的HyMotion。燃料电池公交车包括由乔治敦大学开发的ZE公交车和使用甲醇的公交车及托尔公司的Thunder Power公交车。

中国政府将电动汽车列为"九五"(1996—2000年)期间的国家重大科技产业工程项目。1998年,在广东省汕头市南澳岛上建立了电动汽车运行试验示范区。示范区占地面积为7.5亩,建有停车场、充电房、维修站、实验场地和研究室等。截止2000年,示范区内投入运行的各类电动汽车共计20辆,累计行程45万km以上,积累了大量电动汽车运行、应用、管理和机制等方面的经验。

充电桩的认知

2000年,电动汽车被列入中国"863"计划12个重大专项之一;2001年以来,国家"863"项目共投入20亿元研发经费,形成了"三纵三横"的研发格局;2004年,国家颁布《汽车产业发展政策》明确提出了鼓励发展节能环保型电动汽车与混合动力汽车技术;2005年,电动大客车列入《车辆生产企业及产品公告》,并出台国标;2006年,《新能源汽车生产准入管理规则》出台,宣告新能源汽车进入规模化发展期;2008年,新能源汽车在国内呈现全面出击之势;2010年,新能源汽车被国务院确定为七大战略性新兴产业之一,主要发展方向确定为插电式混合动力电动汽车和纯电动汽车;2011年,在全国推广新能源城市客车、混合动力轿车、小型电动汽车;2012年,新能源汽车项目每年可获国家10亿~20亿元资金支持;2014年,发改委发布《关于电动汽车用电价格政策有关问题的通知》,进入高速发展期,新能源汽车企业超过了200家[2];2017年,《新能源汽车生产企业及产品准入管理规定》,纯电动汽车、插电式混合动力(含增程式)电动汽车和燃料电池电动汽车为我国新能源汽车三个方向,同时补贴开始退坡,双积分政策落定;2019年,新能源补贴下降,电动汽车销量首次出现下滑;2020年2月10日,工信部发布"关于修改《新能源汽车生产企业及产品准入管理规定》的决定(征求意见稿)",明确汽车代工合法化和外商可以设立独资企业。近期,"新基建"将充电桩及5G基建等确定为七大板块之一,电动汽车支持政策进入新模式。

由此可见,在这一时期全球主流汽车国家又开始高度重视电动汽车技术和产业,甚至有些主流汽车国家,推出了禁售燃油车的时间表,这一趋势直到今天。这一阶段主要的技术特点如下。

1.5.1 电池技术不断迭代

1993年,松下公司研发了密封型镍氢电池,它的能量密度是传统电池的两倍,也不存在镉污染隐患，且装载这种电池的电动汽车车速可以提高两倍。所以镍氢电池逐渐取代了镍镉电池。1997年，欧洲对首辆配备锂电池的电动汽车进行了测试。测试表明，锂电池具有重量轻、储能大和功率大等优点，更好地满足了电动汽车的要求，当时被看作是最适合电动汽车的动力源之一。

虽然镍氢电池、锂电池等在电动汽车的使用中展现出了优势，在改善环境方面潜力巨大，但其仍需火力发电等传统方式产生电能，也存在"转移污染"或者"二次污染"问题。为进一步节能减排，燃料电池汽车应运而生。燃料电池以氢为燃料，而氢能是一种理想的低污染可再生能源，使车载动力系统从一次能源开始到动力输出的综合效率大大提高。燃料电池工作过程中比较安静且无有害气体排放，大大降低了噪声污染和空气污染。与其他电池相比，通过提高氢罐的储氢能力，使续驶里程大大增加，本质上可以克服纯电动汽车续驶里程短的弊端。

人们对燃料电池的认识也在不断变化，早期因其体积庞大不能适合车用，很多汽车厂商都认为燃料电池前途暗淡，研发投入很少，直到加拿大巴拉德动力系统公司成功开发出质子交换膜燃料电池（PEMFC）。1993年，巴拉德动力系统公司研制出世界上第一辆使用质子交换膜燃料电池的公共汽车，成为全球最早试制燃料电池公共汽车的厂家。该车200kg的氢气储存在车厢底板下的高压氢瓶中，功率达105kW，最高时速为72km/h，续驶里程可达160km，基本符合城市公共汽车的使用要求。之后，巴拉德动力系统公司将这辆载客20人的燃料电池汽车卖给了美国洛杉矶机场，经过测试和试验，专家认为它是21世纪最理想的交通工具。

2018—2019年针对现有动力电池的能量密度、功率密度和安全性等问题，全球部分学者又将目光转到固态电池、超级电容等储能装置。Xiulin Fan等人指出使用硫化固体电解质的室温全固态Na-S电池是一种有前途的下一代电池技术。2019年先进锂离子电池和系统开发制造商万向123与Ionic Materials先进材料公司的全固态电池研发取得里程碑式进展。

1.5.2 驱动电机技术取得长足进步

20世纪90年代以来，车用电动机逐渐由原来的直流式过渡到交流式。这一变化与交流电机的特点密不可分，交流电动机的功率密度比直流电动机更高，能够再生制动，在日常维护方面也更加方便。这一时期，交流电动机主要有交流感应电动机、永磁电动机和开关磁阻电动机三种类型。交流感应电动机因价格昂贵，虽其结构简单可靠，但较难在电动汽车上推广应用。相比之下，永磁电动机体积小、效率高，价格也相对可被接受，自然成为电动汽车的最佳选择，如日本的"1ZA"（1991年）、丰田的RAV4-EV（1997年）等都使用了永磁电动机。此外，开关磁阻电动机结构坚固、起动性好、制造工艺简单，而且成本低，也是一种较为适合电动汽车的电动机类型。当然，对电动机的研究还远没有达到尽善尽美的程度，随着对其研究的深入和新材料、新工艺的采用，驱动电机的技术还在不断发展，特别是结合汽车特性的电机开发，也在持续进行。

1.5.3 纯电动汽车、混合动力电动汽车、燃料电池电动汽车并驾齐驱

纯电动汽车作为新能源汽车的先驱，在不断发展的过程中，针对其存在充电时间长、续驶里程短的问题，出现了混合动力电动汽车，有学者称为"过渡产品"，但有学者则持不同

观点，认为混合动力电动汽车不一定是过渡产品，而是新能源汽车比较好的一个解决方案，特别是插电式混合动力电动汽车和增程式电动汽车。

1. 纯电动汽车

数次石油危机和环境问题让电动汽车重新进入了公众的视野。作为已有一定发展基础的纯电动汽车，在这一阶段抓住了机遇，快速发展了起来。在纯电动汽车领域，我国的综合技术水平走在了世界前列。

新能源汽车的分类

美国通用汽车公司在 1996 年发布了第一代电动概念车 EV1，该车配有在当时看起来非常先进的技术，也有较好的性能。通用还为 EV1 配备了镍氢电池，该车对家庭用户的配置也非常友好，整体销量较为抢眼。特斯拉虽然是 2003 年才成立的公司，但是在电动汽车领域有着绝对的影响力。在 2008 年，其发布了自己的一款运动型量产跑车 Roadster，短短几年又接连发布 Model S、Model X、Model 3 等多款车型。2019 年特斯拉来到中国上海安家落户，建造其全球超级工厂。根据规划，中国工厂在 2020 年底实现零部件全部国产化，能够促进我国纯电动汽车车企相关供应商的技术成长，促进我国纯电动汽车产业链的成熟。除了美国，欧亚两大洲也不甘落后。自 2013 年，宝马发布了 i3 车型，这一车型的可靠性、耐用性和实用性都为客户所肯定。同年，大众在法兰克福车展发布了 e-Golf 纯电动汽车，这款车加入了很多特殊设计，采用大众独立研发的高品质电机，并配备了新一代 BMS（电池管理系统）。法国雷诺也于 2012 年推出 ZOE 城市汽车，这款车配备了 50kW 快充系统。除此之外，还有现代、丰田等日韩企业也加入了纯电动大军。

在中国，比亚迪作为全球第二大充电电池生产商，在电池技术领域沉淀很深。众所周知，电池技术是纯电动汽车最重要的总成之一，借着电池技术，比亚迪开始电动汽车设计与制造。2006 年，比亚迪第一款搭载磷酸铁锂的 F3e 车型研发成功，其零部件和控制系统自主研发和制造。随后，比亚迪接连发布了唐、宋、e5、e6 等多款车型，成功占据了大部分国内市场，在国外市场也产生影响。除此之外，比亚迪的电动大巴以其先进的技术和优秀的性能，也远销国内外市场。除了比亚迪，中国不仅有像北汽、吉利这样优秀的传统汽车企业，生产出了如北汽 EV200、EX260，吉利帝豪 GSe、EV450 这样优秀的电动汽车，还有像蔚来、小鹏、威马这样的新兴造车企业，正是这些车企的共同努力，才使得中国的新能源汽车产销量占据全球半壁江山。

2. 混合动力电动汽车

纯电动汽车固然美好，但由于电池技术还未取得突破性进展，制约了纯电动汽车很多的应用场景。在此背景下，混合动力电动汽车便是一个折中的选择，它主要以内燃机和蓄电池为动力源，兼顾了两者的特点，既可以提高发动机的经济性，也不会影响动力性能。在零排放电动汽车未成主流之前，混合动力电动车可以较好地应对新环保法规。

第一辆混合动力电动汽车出现在 20 世纪初期，被命名为"洛纳-保时捷"，这款车属于"串联型"混合动力，内燃机先给电池充电，然后再由电池给车辆的电机提供电能。这辆汽车已经完全具备了一些现代新能源汽车方面的技术，包括蓄电池能够储存电能，并为发电机提供多余的电力，发电机可以反过来起动发动机。此后保时捷在 2010 年发布了一款 918 Spyder 混合动力版的概念车，具有跑车的外观，配置 V8 发动机，有着 3.4L 的排量，再配以动力电池辅助，使这款车具有良好的加速性和动力性，其车身设计和尾气排放也具有一定的先进性，辅助提高了车辆性能。

在混合动力电动汽车领域，丰田的地位十分重要。20世纪90年代，丰田认为，由于电池技术存在较大的瓶颈，在短期内不可能有所突破，所以其将更多的资源投入混合动力电动汽车领域，从而奠定了丰田在该领域的地位。丰田于1995年发布了第一代普锐斯，1997年上市，是最早市场化的混合动力车型。在其技术团队的努力下，设计的行星齿轮机构经过不断的迭代升级，直到今天也仍然是混合动力电动汽车里最佳的传动系统之一。有了第一代的基础，丰田不断发布新一代车型，第二代、第三代、第四代的性能也不断提高，配置不断丰富，使其在混合动力汽车领域的影响力越来越大。

除此之外，日产、本田也在混合动力领域有着不俗的表现，如日产的e-POWER、本田的i-MMD等都从不同的角度实现了高效的动力混合与传递，提高了混合动力车辆的性能。还有像三菱、宝马、现代等国外企业也在混合动力领域做了很好的尝试和取得良好的业绩。

国内车企在混合动力领域也进行了一些探索，如比亚迪、长安汽车、广汽新能源和吉利新能源等企业都占有一定的混合动力电动汽车市场。

3. 燃料电池电动汽车

混合动力电动汽车虽然能够提高燃油效率，减少能源消耗和大气污染，但依然需要消耗燃料。纯电动虽然在行驶过程中没有污染物排放，但是在整个能量链上大多数情况下仍然需要化石燃料的燃烧转换，解决这个问题需要开发出更多种类的新能源（如水电、太阳能、风能等），此外报废的动力电池的回收处理也是一个大问题，目前专家和学者都在探索有效的解决方法，如梯级利用、回收等。

针对于此，一个近乎完美的解决方案——燃料电池电动汽车进入了人们的视野。燃料电池本身并不是新生事物，据记载，早在1839年，格洛夫爵士就发明了氢氧气体电池。1952年，培根开发出培根燃料电池并获得专利。之后，燃料电池才走出实验室应用到各领域。早期的燃料电池主要应用在军事、科学和研究等方面，20世纪60年代至今，各种类型的燃料电池均处于实用性开发阶段。前已述及，燃料电池走进汽车领域则归功于巴拉德动力系统公司，它第一个成功开发出适合作为汽车动力电源的质子交换膜燃料电池。从此，燃料电池发动机进入了研发阶段，随之出现了燃料电池汽车。

在中国，时任科技部部长万钢教授在2000年向中国国务院提出了"开发洁净能源轿车，实现中国汽车工业跨越式发展"的建议，并担任国家863计划电动汽车重大专项首席科学家、总体组组长，作为第一课题负责人承担了燃料电池轿车项目。经过几年的努力，中国燃料电池汽车的研发取得了快速的进步。2003年，同济大学燃料电池汽车研发团队在万钢教授的带领下，成功研制出中国第一辆燃料电池轿车"超越一号"，并开始示范运行，后来又推出了"超越二号"和"超越三号"。此外在2008年北京奥运会上，共有20辆燃料电池轿车、3辆燃料电池城市客车为"绿色奥运"服务。在2010年的上海世博会期间，又有200辆燃料电池汽车在园区内服务，实现零碳排放。

参 考 文 献

[1] Ernest H. Wakefield，电动汽车发展史［M］. 叶云屏，孙逢春译. 北京：北京理工大学出版社，1998.
[2] 微信公众号 HNEV. 电动汽车简史（1828-2020）［EB/OL］.［2020-03-13］. https：//mp. weixin. qq. com/s/EZDj-WsWl9miYu23XHFiLQ.

[3] 电动汽车技术. 涨姿势：你不知道的电动汽车故事！[EB/OL]. [2018-11-08]. https://baijiahao.baidu.com/s? id＝1616544144200228750&wfr＝spider&for＝pc.

[4] 第一电动. 一文读懂电动汽车百年历史 [EB/OL]. [2019-07-29]. https://www.d1ev.com/news/shichang/95794.

[5] 周苏. 电动汽车简史 [M]. 上海：同济大学出版社，2010.

[6] 山居隐客. 聊聊电动汽车发展史 [EB/OL]. [2019-12-04]. https://zhuanlan.zhihu.com/p/95187649.

[7] 搜狐. 第一辆油电混合动力车居然是保时捷造的 [EB/OL]. [2017-03-15]. http://www.sohu.com/a/128908362_545692.

[8] 搜狐. 原来大清朝的时候就有电动汽车了 [EB/OL]. [2015-10-06]. https://roll.sohu.com/20151006/n422634395.shtml.

[9] 360DOC 个人图书馆. 电动车 [EB/OL]. [2019-03-04]. http://www.360doc.com/content/19/0304/14/58133674_819133665.shtml

[10] 微文周刊. 汽车历史上臭名远播的"红旗法案"是个什么鬼？[EB/OL]. [2018-04-06]. http://www.wx24.cn/Html/ww24_12681.Html.

[11] 果壳网. 混合动力的前世今生 [EB/OL]. [2013-07-08]. https://www.guokr.com/article/437151.

[12] PORSCHE MUSEUM. 费迪南德·保时捷（FERDINAND PORSCHE）. 混合动力的先驱 [EB/OL]. [2020-02-02]. https://presskit.porsche.de/museum/zh/2019/topic/exhibitions/cars/reconstruction-of-the-semper-vivus-hybrid-car-from-1900.html.

[13] 新浪汽车. 福特T型车：一款改变了世界的汽车 [EB/OL]. [2003-06-12]. http://auto.sina.com.cn/news/2003-06-12/38841.shtml.

[14] 网易. 二十世纪早期的"雾都"伦敦 [EB/OL]. [2013-09-02]. http://discovery.163.com/photoview/4T8F0001/37645.html#p＝97OPVT924T8F0001.

[15] 豆丁网. 洛杉矶光化学烟雾事件 [EB/OL]. [2015-12-31]. https://www.docin.com/p-1410079318.html.

第 2 章

纯电动汽车技术发展概况

电动汽车在200多年前就问世了,经过百年兴衰的洗礼,到如今已全球普及。无论是混合动力汽车、纯电动汽车还是智能网联汽车,随着价格的下降和消费者寻找高性价比出行方式的改变,均使市场对电动汽车的需求不断攀升。此外,为了减少燃油消耗,减少汽车排放物对气候产生的影响并控制区域空气污染,世界各国政府都在实施电动汽车计划,希望在相应的新兴技术领域取得突破性进展和领先地位。为此,各国政府相继出台了各种支持政策,从不同的方面推动电动汽车产业在本国的发展。纵观全球的政府支持政策,可大致分为4大类(包括生产、购置、石油和基础设施)。除此之外,各国也十分重视标准的建设,颁布了多种针对电动车辆性能的标准,包括安全性的国际标准和技术标准[1]。

2.1　全球第一辆产量最高的纯电动汽车

前已述及，第一次石油危机对世界政治、经济格局产生了重要冲击，对汽车行业也产生了很大影响。[2]其中1974年，美国一家小型私人企业赛百灵公司（Sebrin Vanguard Inc）推出了一款在当时颇为成功、十分受欢迎的电动汽车Citicar。该公司生产的一系列电动汽车使其成为美国历史上，在很长一段时间内，最大的电动汽车生产企业成为美国第六大的汽车生产企业。据统计，从1974年的第一辆到C型车Vanguard Citicar，到1979年的最后一辆同类型车Commuter，该公司一共生产了4444辆C系列电动汽车。这一记录直到2012年才被特斯拉Model S打破。

Citicar看起来像行走的方形盒子，造型非常紧凑，只有两个座位，并配有天窗，如图2-1所示。Citicar使用了48V的电池组，电机的功率仅为4.41kW，速度可达50～70km/h，一次充电续驶里程为80km。在当时，该车被认为是最先进的，并且具有未来太空探索的关联技术。

1976年，Citicar车型是赛百灵公司早期电动汽车系列中最强大和最完美的产品[3]。

图2-1　Citicar电动汽车（后有彩图）

2.2　美国纯电动汽车技术发展

2.2.1　福特纯电动汽车技术发展

20世纪初，在美国道路上行驶的汽车中有1/3都是电力驱动的，电动汽车的价格在当时也远高于燃油汽车，如在1912年，一辆燃油汽车售价约为650美元，而电动汽车则售价1750美元。在一些历史图片中可以看到福特早期制造的电动汽车，其中1913年的一辆概念电动汽车采用像船舵一样的控制杆操控方向，曲线的车架在当时也很少见，电池组则安装在座位下方。1914年福特制造出了另外一辆概念电动汽车，该车采用了转向盘和福特著名的Model T车架、悬架系统和前轴，如图2-2所示。和现在的大多数汽车一样，这辆车的动力系统和电池安装在车辆的前部。

随着20世纪初德克萨斯州油田的大面积开采，汽油价格不断下降，燃油汽车变得更令人青睐。而当时的电池技术依旧有限，电池充电时间太长，电动汽车在1935年之后便逐渐退出了市场。直到20世纪60年代，环境污染和全球能源危机的不断加剧引发了人们的重

图 2-2　1914 年福特概念电动汽车（后有彩图）

视，电动汽车的研发才迎来了第二个春天。1967 年，福特制造出了一款纯电动概念车 Comuta，如图 2-3 所示，该车最高时速可达 60km/h，充满电后能够以 40km/h 的时速行驶 60km。

图 2-3　1967 年福特 Comuta 电动概念车

随后 1998 年，福特又推出了纯电动版本的轻便客货两用车福特 Ranger，如图 2-4 所示，该车采用了铅酸蓄电池，以 72km/h 的时速可行驶 140km。1999 年在部分地区又将铅酸蓄电

图 2-4　电动轻便客货两用车福特 Ranger

池更改为镍氢电池,以增加续驶里程,同样在 72km/h 的时速时可行驶 185km[12]。

2.2.2 通用纯电动汽车技术发展

关于纯电动汽车,通用汽车公司于 1990 年 1 月就在洛杉矶展示了其第一辆电动概念车"冲击"(Impact),并引起轰动。然后于 1996 年 12 月 5 日交付了首批 100 台 EV1 电动车,第一代 EV1 如图 2-5 所示。该车的动力电池是铅酸蓄电池,电池能量为 16.5~18.7kW·h,整车质量为 1.4t,续驶里程为 112~160km,这款车共生产 660 辆。1999 年,通用发布了配有镍氢电池(NiMH)的第二代 EV1,能量提高至 26.4kW·h,新款车型整备质量为 1.319t,可行驶里程 160~230km,共生产 457 辆[4]。

图 2-5 通用第一代 EV1(后有彩图)

EV1 在设计过程中,完全遵循了电动汽车的理念,大量采用最新技术,使该车在技术上处于世界领先水平,如车身骨架由四种不同规格的铝合金制成,经铸造、挤压、板材成形等不同工艺方法制成 165 个部件,再经铆、焊或粘接方法制成一个整体。整个车身呈"雨滴"形,车身空气阻力系数仅为 0.19。整个骨架经过有限元分析,各部分的强度、刚度匹配精良,做到了结构重量轻又安全可靠,整个骨架重 132kg,占整车装备质量的 10%;而同类汽车的车身钢制骨架重 272kg,占整车装备质量的 20%。据称,在 EV1 研制过程中申请了 23 项专利,投入的研制费用达到 3.5 亿美元。在充电方面,EV1 行李舱配有一个家庭便携式 120V 充电器,EV1 的铅酸蓄电池组充满电要 15h,如果用 220V 快充 MagneCharge 充电器,可实现 3h 内充满电,如图 2-6 所示。

EV1 的电池箱配备有智能电池管理系统(通用公司称为 Smart Guard),用来监测动力电池组的电压、电流、温度、剩余电量及控制充电的模式,并有各种联锁保护装置,出现故障时会自动切断主电路,电池箱内还有强制风冷系统,保证各个电池温度的均匀和排出少量可能外逸的气体。

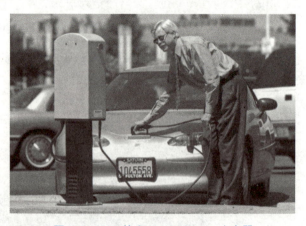

图 2-6 220V 快充 MagneCharge 充电器

在动力方面，该车配有带 IGBT 功率变换器的三相交流感应电机，其电机在 7000r/min 时可输出 102kW 最大功率，并可在 0～7000r/min 范围内，提供 149N·m 的恒转矩。该车电机动力通过电机和差速器间集成的单速减速齿轮传递到前轮。该车 0～80km/h 加速时间为 6.3s，0～97km/h 加速时间为 8s，EV1 的最高限速为 129km/h。由于 EV1 价格昂贵，相对燃油汽车续驶里程短且充电慢，销量一直不大，1996—2000 年 EV1 大约售出 1110 辆[5]。

2.2.3 特斯拉纯电动汽车技术发展

1. 特斯拉的发展历程

作为当代电动汽车企业的典型代表——特斯拉（Tesla），是一家美国电动汽车及能源公司，其主要产销电动汽车、太阳能板及储能设备。2004 年 4 月底，该公司首轮 750 万美元融资完成，其中马斯克领投 630 万美元，出任特斯拉董事长，马丁·艾伯哈德出任 CEO。在研发电动汽车的同时，特斯拉还涉足了能源领域。第一代特斯拉 Roadster 于 2006 年成功在加州圣莫尼卡亮相，时任州长的阿诺德·施瓦辛格应约赴会，谷歌的联合创始人布林、佩奇以及一些亿万富翁成为首批 Roadster 车主。特斯拉 Roadster 的开发大约花费了 2500 万美元，整车价格为 8.5 万～10 万美元，至今已经累计销售 1000 多台。特斯拉第一款量产汽车 Roadster 发布于 2008 年，为一款两门运动型跑车，如图 2-7 所示。

2007 年，由于与马斯克的意见相左，马丁·艾伯哈德被迫辞去特斯拉 CEO 一职，辗转一年多的时间后，这个职位回到了埃隆·马斯克手中。特斯拉因其"高科技"和"环保"的属性而受全球瞩目，因此获得了戴姆勒的投资，并在 2009 年成功获得美国能源部高达 4.65 亿美元的低息贷款后，2010 年 6 月成为一家上市的美国汽车公司。

图 2-7　特斯拉 Roadster（后有彩图）

在获得戴姆勒和美国能源部的投资后，马斯克将其用在了"Model S"的研发上，Model S 从零开始研发和设计，借助曾就职于大众、通用、马自达的设计师弗朗茨·冯·霍兹豪森的智慧，高效率地完成了 Model S 设计，并于 2009 年 3 月正式对外公布。Model S 的设计上采用了大面积触摸屏、铝质车身等思路，科技感十足。

2008 年的经济危机给美国的汽车工业造成了很大的灾难，一家由通用汽车和丰田汽车联合建立的汽车工厂——新联合汽车制造公司陷入了破产保护的境地。在通用汽车和丰田汽车退出经营后，特斯拉仅以 4200 万美元就收购了新联合汽车制造公司大部分资产，此后丰田汽车又拿出 5000 万美元购买了特斯拉 2.5% 的股份，同时，双方还宣布建立战略合作。自此，Model S 车型就交给了这家位于弗里蒙特的特斯拉超级工厂进行生产。

2012 年 6 月 22 日，第一批 Model S 的交付仪式就在特斯拉的弗里蒙特工厂举行，如

图 2-8 所示。《汽车族》杂志的版权合作方《Motor Trend》杂志将北美 2013 年度车型授予了 Model S，该评比素有"车坛奥斯卡"之称，Model S 击败了包括保时捷 911、凯迪拉克 ATS、雷克萨斯 GS 等在内的强劲对手，这也是历史上第一次将年度车型授予电动汽车。

在 Model S 交付之前，特斯拉就在其加州霍桑的设计研发中心发

图 2-8 特斯拉 Model S

布了 Model X，如图 2-9 所示，这款车型定位为 SUV，分为 5 座和 7 座两个类型。2015 年 9 月底，特斯拉汽车 CEO 埃隆·马斯克在美国加利福尼亚州的弗里蒙特召开发布会，宣布推出该车型，并开始接受预订。2016 年 4 月 23 日，Model X 正式在中国发布，并接受预定[6]。

图 2-9 特斯拉 Model X

2016 年 3 月 31 日，特斯拉发布了第四款产品——Model 3，如图 2-10 所示，基础售价为 3.5 万美元，在美国补贴后最低的价格约为 2.5 万美元。特斯拉在创建 13 年后，终于实现了生产普通家庭可以买得起的电动轿车的理想，并于 2017 年年末开始交付使用[7]。

2016 年 6 月，马斯克用 28 亿美元收购了太阳城公司，至此，特斯拉转型成为全球唯一垂直整合的能源公司，向客户提供包括 Powerwall 能源墙、太阳能屋顶等清洁能源产品，并演变成从能源采集到绿色出行全套产业链的超级帝国。

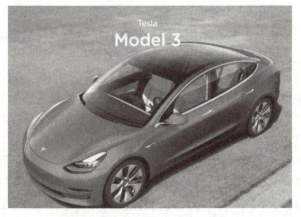

图 2-10 特斯拉 Model 3[8]

2017年2月1日，特斯拉汽车公司（Tesla Motors Inc）正式改名为特斯拉（Tesla Inc），这意味着汽车不再是特斯拉的唯一业务[6]。

2018年5月10日，特斯拉（上海）有限公司成立。2018年10月17日，上海市临港管委会表示，特斯拉（上海）有限公司已成功摘得上海临港装备产业区Q01-05地块864885m^2（合计1297.32亩）的工业用地，并与上海市规划和国土资源管理局签订土地出让合同，特斯拉上海超级工厂在临港地区实质性落地。

2019年1月7日，位于上海东南一角的两港西大道与正嘉路交叉口，特斯拉超级工厂一期宣布开工建设。按照规划，该工厂2019年1月开工建设，2019年年底竣工，一期年产能为25万辆纯电动汽车，包括Model 3等系列车型。特斯拉超级工厂是上海迄今最大的外资制造业项目，也是特斯拉在美国之外的首个超级工厂。

2020年1月7日，特斯拉中国工厂第一辆车下线交付，上海超级工厂正式投产[9]。

2. 特斯拉 Roadster 的技术特点

特斯拉 Roadster 配备有182kW的交流电机，电池包由6831个单体电池组合而成，电池包质量为454kg，0~100km/h加速时间仅为4s，最高车速可达到217km/h，一次充电续驶里程为402km，美国《时代》杂志将其评为2006年度最佳发明，同时美国《Popular Mechanics》杂志授予特斯拉 Roadster 全电动跑车制造者"2006年度创新突破性奖"。特斯拉 Roadster 传动系统为两档电控手动变速器，其主减速比3.41:1，Ⅰ档速比为4.20:1，Ⅱ档速比为2.17:1。整车尺寸为3946mm×1873mm×1127mm，轴距为2352mm，前后轮距为1464mm和1499mm，整车整备质量为1134kg[10]。

3. 特斯拉 Model S 的技术特点

1）特斯拉 Model S 搭载了六大安全设计。 Autopilot 自动驾驶系统从根本上提高了车辆的安全性；电子传动系统位于铝制成员舱底部，最大程度地降低翻车风险；经钢轨加固的铝柱有效减少了侧面碰撞时的侵入；车厢过热保护，可有效保护孩子（与宠物）的安全；自适应前照灯可显著改善夜间驾驶的可见度；空气过滤系统 HEPA 可有效滤除空气中的危害源。

2）电动全轮驱动双电机。 Model S 全轮驱动系统不同于传统汽车，其采用双电机系统，是 Model S 对传统全轮驱动系统的一项创新性改进。车身前后各搭载一台电机，通过对前后轮转矩分别进行数字化独立控制，实现了在各种路况下的全天候牵引力控制，不但在驱动方面表现优异，而且在操纵稳定性方面也很出色。Model S 的两部电机都更轻、更小、更高效，因此提升了续驶里程并拥有更好的加速表现，高性能版 Model S 标配全轮驱动双电机，如图2-11所示，高性能后置及高效率的前置联动，实现超跑级别的加速表现，0~100km/h加速时间仅需2.7s。

3）超远续驶里程。 Model S 长续驶版的最高续驶里程为594km，高性能版为572km。

4）集成式的整车热管理系统。 特斯拉将电动汽车上的电机冷却系统、电池组热管理系统和车厢空调系统进行了集成式的设计。这样的集成设计可以减少冗余，提高废热的利用效率，并申请了专利（US 2008/0251235）。

4. 特斯拉 Model X 的技术特点

Model X 是一款高性能、安全、智能的全尺寸 SUV。标配全轮驱动，最高续驶里程可达565km（100kW·h的电池能量）。Model X 拥有宽敞的驾乘空间和储物空间，足以容纳7位成人及其随行装备,如图 2-12 所示。当开启 Ludicrous 狂暴模式后,0～100km/h 加速时间仅需 3.1s。

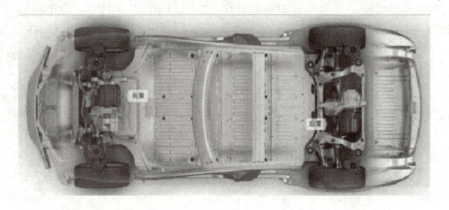

图 2-11 电动全轮驱动双电机

纯电动汽车常见驱动形式

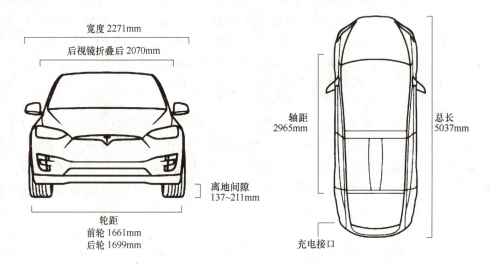

图 2-12 特斯拉 Model X 外观及尺寸

特斯拉 Model X 具有与 Model S 类似的安全设计,如图 2-13 所示。第一,相比人类驾驶,全自动驾驶硬件提高车辆行驶的安全性。第二,电池组位于车辆底部,这使 Model X 的重心比同类 SUV 更低,可减少 50% 的侧翻风险。第三,独特的电池结构有助于 Model X 抵御侧面碰撞时的变形侵入。

此外,由于没有燃油发动机,前备舱可在正面碰撞时充当缓冲区,有效吸收撞击能量。HEPA 高效过滤网,有效阻隔空气中的花粉、细菌、病毒及污染物颗粒进入车厢内部。Model X 的空调系统提供 3 种模式供选择:外循环、内循环和"生物武器防御"模式,后者在车厢内增加气压以保护乘客安全。

5. 特斯拉 Model 3 的技术特点

Model 3 是一款结合了实用的续驶里程、动力性能、安全配置以及宽敞空间的 5 座高级

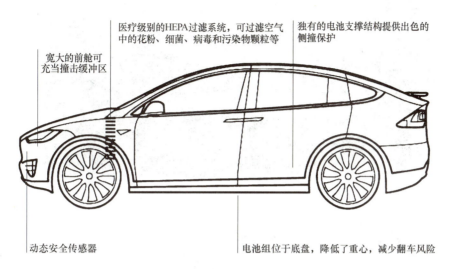

图 2-13 特斯拉 Model X 的安全性

轿车，具有 5 星级安全级别，并配备了自动辅助驾驶硬件、超级充电等设备，在美国起售价为 3.5 万美元。Model 3 Performance 版搭载双电机全轮驱动、19in 轮毂和高级制动系统，悬架高度更低，在绝大部分天气条件下都拥有极佳的操控体验。碳纤维扰流板可提升高速行驶时的稳定性，使 Model 3 的加速性能达到 0~100km/h 时仅需 3.4s。

自特斯拉电动汽车面世以来，其动力电池系统 PACK 技术已经经历了三代不断地更新与提升，其中第 2 代电池系统 PACK 技术用于 Model S/X，第 3 代电池系统 PACK 技术用于 Model 3。与 Roadster 的第 1 代电池系统不同，Model S 与 Model 3 的电池系统均是"滑板式"，如图 2-14 所示。

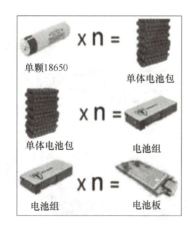

图 2-14 电池的 PACK　　　　　　　动力电池系统形成过程

Model 3 的内部设计也十分独特，如图 2-15 所示。可通过 15in 触摸屏操控车辆，也可使用智能手机作为车钥匙，并访问触摸屏内的所有驾驶控制选项。全景玻璃车顶，整块玻璃从前舱盖根部一直延伸至车顶，使前后排乘客都拥有开阔的视野[11]。

图 2-15 特斯拉 Model 3 内部设计

2.3 日本纯电动汽车技术发展

由于日本政府的政策扶持和资金支持，使日本在新能源汽车领域也具有较大优势。1996 年，日本政府就通过了第一个电动汽车激励法案，投入 1200 万日元，用来补贴政府、企业和个人购买电动汽车。1998 年，该法案与清洁能源汽车引入法案合并，共同为购买电动汽车、天然气汽车、甲醛汽车和混合动力电动汽车提供补贴和税收减免。2007 年，日本提出计划在 5 年内投资 2090 亿日元，用来支持电动汽车、燃料电池电动汽车的开发。2009 年 5 月，日本国会又通过了促进购买绿色汽车法案，并于 2009 年 6 月 19 日正式实行。该法案规定了一系列与环境有关的标准，对符合该标准的环境友好型汽车，无论国产汽车还是进口汽车，都享受税收减免[19]。

2.3.1 丰田（TOYOTA）纯电动汽车技术发展

1996 年，丰田开始研发使用镍氢电池的 RAV4 电动汽车，如图 2-16 所示。2000 年年初，南加州爱迪生（SCE）与丰田技术中心合作，启动了对 5 辆 RAV4 电动汽车（EV）的测试工作，以评估其耐久性和可靠性。2002 年 11 月 7 日，在测试的 5 辆 RAV4 电动汽车中，第一辆行驶里程达到 16.1 万 km，即等效距离为从洛杉矶到纽约来回 34 次，没有排放任何污染物。2003 年 6 月初，另外两辆车达到了 16.1 万 km 目标。测试车辆和 RAV4 电动汽车车队收集的数据证实镍氢电池和成熟的传动系统设计，可满足多种运输任务要求[20]。

图 2-16 丰田 RAV4 电动汽车（后有彩图）

随后，丰田在 2003 年实际出售或租赁了 328 辆 RAV4 电动汽车，当时，尽管有潜在客户的等待名单，该计划还是终止了。丰田 RAV4 电动汽车与普通内燃机版非常相似，没有排气尾管，最高时速 126km/h，行驶里程 161～193km，也是当时为数不多的配备单速自动变速器的车辆之一[21]。

前已述及，2010 年，丰田用 5000 万美元购买了特斯拉 2.5% 的股份，并将其位于美国加州的通用汽车合资 NUMMI 工厂以 4200 万美元卖给了特斯拉。同年 10 月，双方签署协议由特斯拉向纯电动版 RAV4 提供电池和动力系统开发服务。在开发过程中因双方理念不一，该车在 2014 年以停产告终[22]。

2.3.2　日产（Nissan）纯电动汽车技术发展

1945 年，第二次世界大战结束后的日本急需快速发展的支柱型工业与匮乏的能源矛盾突出，众多日本传统工业纷纷转型寻求新的发展。1947 年，日产汽车收购了东京电力汽车有限公司生产的电动车 Tama EV，开启了日产的电动化之路，如图 2-17 所示。

Tama EV 是一款采用双门四座的小型轿车，短车鼻、方正的车厢再加上圆形前照灯，这是 20 世纪四五十年代汽车典型的设计风格，虽然它采用电力驱动但在造型上与普通汽车区别不大。Tama EV 搭载了一台直流电机，使用两组铅酸蓄电池供电，电池组可提供 40V、162A·h 的输出，其中一组安装在前车鼻部，另一组被放置在车底。Tama EV 最大续驶里程可达 65km，最高时速为 35km/h。65km 续驶里程在当时已经是属于较大的突破。

1973 年 10 月第四次中东战争爆发，同时也爆发了世界公认的第一次石油危机，激发了日本小排量车型的发展，并在全球范围内大受欢迎。此时，日产汽车则推出了全新纯电动产品——日产 EV4-P 车型，如图 2-18 所示。

图 2-17　日产 Tama EV（后有彩图）

图 2-18　日产 EV4-P

虽说日产 EV4-P 只是一辆两座的小型货车，但其技术指标取得了重大进展。虽然该车使用铅酸蓄电池和直流电机，但储能水平大大提升。此外，日产 EV4-P 是世界上第一辆使用动能回收系统的同类车型，轻量化的玻璃钢车体，使它的续驶里程猛增到 302km。同时它还是世界上第一辆进行碰撞测试的电动汽车。从 1973 年起，日产就以燃油车的安全标准来衡量电动汽车，甚至比燃油车还要严格。

由于车型定位原因日产 EV4-P 还不算是传统民用领域，1983 年，日产又推出了一款划时代产品——March EV，如图 2-19 所示，它是世界上第一辆采用了异步电动机的电动汽车，开启了异步电动机在电动汽车上的应用，其最大优势就是具备变频调速能

图 2-19　日产 March EV

力，驾驶感更接近燃油车，如今异步电动机在电动汽车上应用最典型的代表就是特斯拉。

在 1995 年的东京车展上，日产展示了第一款搭载锂电池的概念车 FEV Ⅱ，随后在 1996 年以概念车为基础研发的量产车型 Prairie Joy EV 正式推出，如图 2-20 所示，它也是世界上第一个使用圆柱体锂电池的电动汽车。同时这辆车还是第一个到达北纬 79°极寒地区的电动汽车。

2010 年，日产 Leaf 聆风正式上市销售。第一代 Leaf 上市以来一直保持着的电动汽车市场全球销量第

图 2-20　日产 Prairie Joy EV

一的地位，全球 48 个国家累计销售超过 30 万辆。日产 Leaf 由层叠式紧凑型锂电池驱动，电动机的输出功率为 80kW，转矩峰值可以达到 280N·m，续驶里程达到 160km。通过快速充电，Leaf 只需 30min 可充至 80% 的电量，使用普通充电桩约需要 8h 可充满。在 2015 年，日产在美国和欧洲发布了电池能量增至 30kW·h 的新款 Leaf。一次充电的续驶里程按照美国标准（EPA）为 171.2km，比配备 24kW·h 电池的老款车型增加了 27%。按照欧洲标准（NECD）为 250km。2017 年 9 月 6 日，日产全新一代聆风在日本东京首发。全球亮相的新一代日产聆风既有渐进式改良，更具有颠覆式技术创新，该车采用了全新设计的多功能转向盘、大尺寸多媒体显示屏、全液晶仪表盘以及旋钮式换档机构[24]。此外，自适应巡航、主动制动以及 e-Pedal 电子踏板等科技装备也搭载在全新聆风车型上，如图 2-21 所示，该车在日本标准 JC08 燃油模式测试下，续驶里程为 400km，在欧洲 NECD 工况下，续驶里程为 378km[23]。

在 2017 年东京车展上，日产汽车推出了全新 NISSAN IMX 概念车型，该车定位于一款纯电动跨界概念车，将搭载全自动驾驶系统，续驶里程超过 600km。

图 2-21　全新一代日产聆风[23]（后有彩图）

2018 年 6 月 20 日，东风日产轩逸·纯电动汽车预售发布正式举行，轩逸·纯电动汽车采用与聆风相同的 E-Platform 全球专业电动汽车平台打造，综合续驶里程达到 338km[24]。

在日本，和日产并驾齐驱的还有丰田汽车，两大汽车巨头分别设计出微型电动汽车 E-com 和 Hypermini，成为日本电动汽车的一道靓丽风景，如图 2-22 所示。1997 年，丰田开始出售 E-com 微型电动汽车。它使用镍氢蓄电池为动力源，最高时速 100km/h，每次充电 2h 便可行驶 120km；日产汽车的 Hypermini 微型电动汽车采用锂电池作为动力源，最高时速也为 100km/h，续驶里程为 130km[25]。

2019 年 1 月 9 日，日产公司在横滨总部举行了其热销车型聆风电动汽车升级版 Leaf e+

图 2-22　微型电动汽车 E-com 和 Hypermini

的揭幕仪式,[26]同年 6 月 1 日,日产聆风 Leaf 纯电动汽车在深港澳车展正式亮相[27],如图 2-23 所示,其锂电池和驱动系统布置如图 2-24 所示。日产 Leaf S PLUS 型号配备 62kW·h 的电池和新型电机,可输出 160kW 的功率,将功率提升到一个新的水平,续驶里程高达 363.7km。

图 2-23　日产聆风 Leaf　　　　图 2-24　日产聆风 Leaf 锂电池和驱动系统布置

2020 款日产 Leaf 配备 40kW·h 的电池和可持续输出 110kW 的动力电动,续驶里程高达 240km。还搭载了先进的智能辅助驾驶系统,可用的 ProPILOT Assist 可以帮助日产 Leaf 根据交通流量与前方的汽车保持一定距离,它甚至可以完全停止,并且可以在流量再次开始移动时恢复原来的速度;并且可以帮助通过直线路段甚至平缓的弯道使自己居中,保持线和车道不会发生飘移,如图 2-25 所示。此外,Leaf 还具有行人检测功能、自动紧急制动功能、标准盲点警告功能、车道偏离警告功能、远光灯辅助功能、标准后方交叉交通警报功能和后自动制动功能。

日产 Leaf 的可用连接性技术不断发展,使用智能手机应用程序和可用的日产 Connect EV 可以为日产 Leaf 充电,并对其进行预热和冷却等,如图 2-26 所示[28]。

充电的时间和便利性也是影响电动汽车的因素之一,2020 日产 Leaf 使用 240V 交流电家庭和公共充电,如图 2-27 所示,8h 可为 40kW·h 电池充满电,11.5h 可为 62kW·h 电池充满电;使用 480V 交流电公共直流快速充电,如图 2-28 所示,50kW·h 快速充电可在 40min 内为 40kW·h 的电池充电至 80%,60min 内为 62kW·h 的电池充电至 80%,100kW·h 快速充电可在 45min 内为 62kW·h 的电池充电至 80%。

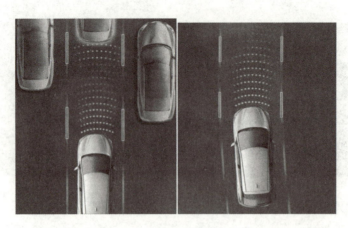

图 2-25　日产 ProPILOT Assist

图 2-26　日产 Leaf

图 2-27　240V 交流电家庭和公共充电

图 2-28　480V 交流电公共直流快速充电

2.4　德国纯电动汽车技术发展

2.4.1　宝马（BMW）纯电动汽车技术发展

宝马 i3 发布于 2013 年，宝马集团（BMW Group）的第一款全电动汽车在销售方面持续取得成功，并获得了标志性的地位，如图 2-29 所示。宝马集团目前计划将该车型生产延长至 2024 年。该车型地域适应性很强，无论是在酷热的南非还是在寒冷的北方，其可靠性、耐用性和实用性都很强。

图 2-29　宝马 i3

宝马 i3 自投放市场以来，一直是高档紧凑型产品市场中销售最广的电动汽车。迄今为止，全球已售出 16.5 万多台。宝马 i3 强调的是未来的驾乘乐趣和多用途的品质[29]。

纯电动宝马 i3 快充款使用符合 2015 版国标充电标准的公共直流充电桩，即可快速充电，同时配备的智能能源管理系统使其能灵活高效应对城市交通和长途旅行，其车身使用了轻量化构件，底盘的设计充分考虑到驾驶的乐趣，如图 2-30 所示，底盘搭载了全电动宝马 eDrive 动力传动系统，纯电动宝马 i3 快充款 0～100km/h 加速只需 7.3s，电机功率为性能为 127kW，转矩为 250N·m，续驶里程可达 340km，高效且零排放的驾驶体验，为客户带来更多乐趣。驾驶舱沿用

图 2-30　宝马 i3 底盘

碳纤维增强塑料（CFRP），这一材料通常也被称为碳纤维，质地轻且坚硬、同时更具弹性。低重心、轻量化的设计，使纯电动宝马 i3 快充款的操控更加灵活。纯电动宝马 i3 快充款的可回收率达 95%，电池模块可以被重新用作太阳能储能容器，而剩余的碳纤维可以返回到生产过程中使用。宝马互联驾驶是一个出行辅助系统，便于日常出行，使用兼容的智能手机或智能手表就可以在车外获得相关出行信息（如适合的出发时间相关建议等），并可无缝传输到车上。宝马远程控制也可作为宝马互联驾驶的一部分，增加驾驶乐趣。

纯电动宝马 i3 快充款上市后在设计上曾先后赢得 iF 设计金奖（德国历史最悠久的工业设计机构——汉诺威工业设计论坛）、世界车型设计年度大奖等一系列重要奖项，获得了广泛的国际赞誉，该车型恰到好处地承袭了宝马精髓的同时，外观设计更加成熟、更具运动感。[30]

宝马原计划在 2020 年 3 月 3 日开幕的日内瓦车展上发布最新的宝马 i4 概念车，但由于新型冠状病毒肺炎（COVID-19）而被迫改为线上发布会，宝马集团董事长齐普策透露，宝马将在 2020 年推出更多插电式混合动力车型及纯电动车型，比如宝马第一款纯电

动运动型多功能车——纯电动宝马iX3，率先配备第五代宝马eDrive电驱动技术的首款量产车型，将在沈阳投产并出口全球[37]。纯电动宝马i4概念车在设计上采用了全新设计语言，极具科技感染力，标志性的双肾进气格栅显得尤为引人注目，经典的天使眼前照灯也被重新演绎，成为全新六边形天使眼前照灯，细长L形尾灯，塑造出宽大、运动的形象，如图2-31所示。内饰方面，采用了以驾驶者为中心的设计理念，如无边框曲面显示屏与转向盘结合、数字化座舱设计、超细纤维和橄榄叶鞣制的天然皮革座椅等，此外，宝马i4概念车可为客户提供三种不同的体验模式，用户可根据喜好调整仪表板、车门和显示屏下方的环境氛围灯。

图 2-31　宝马 i4 概念车[38]（后有彩图）

在动力方面，宝马i4也搭载全新第五代宝马eDrive电力驱动技术，配备能量为80kW·h的电池组，重量约为550kg，在WLTP工况下续驶里程为600km，宝马表示应用该技术将电池充电到80%只需要35min，每充电6min就可以行驶100km。虽然电池组较重，但并没有影响宝马i4的加速性能，宝马i4百公里加速时间约4s[37]。

2.4.2　大众e-高尔夫纯电动汽车技术发展

大众高尔夫于1974年问世，经历了7代车型的变迁，作为大众最重要的车型，高尔夫自然有了新能源纯电动版e-Golf，如图2-32所示。e-Golf的前身Golf Blue-e-motion概念车在2011年就已经问世，但其续驶里程只有150km，主要用于在德国进行各种测试，而量产版的e-Golf在2013年的法兰克福车展上正式亮相。量产版车型搭载了能量为25.6kW·h的锂离子电池，在NEDC工况下的续驶里程提升到了190km。2017年3月21日，大众新e-Golf正式在中国上市，售价为26.8万元。

在外观上，新e-Golf以第7.5代高尔夫为基础，加入了很多特殊设计，如蓝色饰条和封闭式格栅，以及大众新能源家族标志性的C字形日间行车灯，如图2-33所示。内饰方面，新e-Golf基本延续了第7.5代高尔夫的设计，具有很强科技感的12.3in全液晶仪表盘，其分辨率达1440×540像素，显示画面清晰细腻，而且界面有多处可以自定义。[31]

在安全方面，采用了笼式超高强度车身，动力电池配备了铠甲式电池包高强度刚性护板，如图2-34所示，并配备了大众最新一代的智能安全电池管理系统，实时监控电池安全。为了进一步提高动力电池的安全性，该车的电芯及模组通过了远超国标的184项电池包安全试验，包括机械冲击、浸水、火烧和振动等。

图 2-32　大众 e-Golf（后有彩图）

图 2-33　C 字形日间行车灯

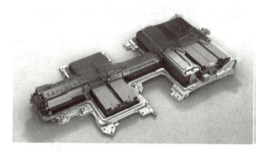

图 2-34　电芯及模组

在电机方面采用了德国大众独立研发的 APP290 高品质电机，最大转矩 290N·m，额定功率为 100kW，效率超过 95%。提供 Normal/Eco/Eco+3 种驾驶模式，配备 5 级能量回收系统，满足不同的驾驶需求，并有效延长续驶里程。更有 iBooster 能量回收技术，高效回收能量的同时，有效提升驾驶感受，如图 2-35 所示。

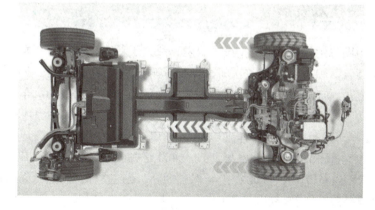
图 2-35　能量回收系统

汽车制动能量回收系统

在充电方面，具有便捷而灵活的充电方式，支持交流及直流充电，可使用家用 220V 电源，AC 慢充约 6h，DC 快充约 30min 可以充到 80%，如图 2-36 所示，也可以预约出发时间，支持出发日期时间、循环周期、电量上限、最大充电电流等多项个性化设置。

此外，该车还配备了多种智能辅助驾驶科技，如集合第三代高级自适应巡航（ACC 3.0）、盲点监测、交通拥堵辅助、车道保持、多重碰撞制动等，其中 PLA3.0 第三代智能泊车辅助

图 2-36　充电连接方式

系统与上一代相比增加正向垂直车位模式，遇到危险时可自动制动，还支持多个车位记忆功能，复杂停车环境，轻松应对，为自动驾驶时代起步，如图 2-37 所示[32]。

图 2-37　智能泊车　　　　　　　　　　PLA3.0 智能泊车辅助系统

2.5　韩国纯电动汽车技术发展

2002 年，现代起亚就将年度总销售额的 3.1% 投入研发，致力于新能源技术的开发，到了 2008 年，这一比例增至 6.5%。2010 年更是首次将全球投资额拉升至 90 亿美元，其中近半数的资金被用于增加研发人员，加大投资力度，扩大混合动力的品种，推动电动汽车量产化，实现燃料电池车商用化。

2010 年 10 月，现代起亚汽车发布了首款高速纯电动汽车 Blue On，当时定义高速电动车是指时速超过 100km/h 的电动车。Blue On 开发累计投入 400 亿韩元，历时 1 年，其命名中 Blue 取自现代汽车环保品牌 Blue Drive，象征着"环保、创新、创造"的形象，On 来源于开启电动车时代（Start On）与开启电源输出（Switch On）当中的 On。"Blue On" 车型尺寸为 3560mm×1560mm×1540mm，如图 2-38 所示，其动力电池为韩国 SK 的 LiPoly 锂电池，能量为 16.4kW·h 的，电机功率可达 61kW，最大力矩可达 210N·m，充电一次可行驶 140km，最高时速 130km/h，可在 25 分钟内完成 80% 的充电。使用家庭电源充满电需 6h。现代汽车计划 2010 年首先生产 30 辆，并向政府等部门推广，2011 年开始正式生产[33]，同年进入中国，在广州车展亮相。

现代汽车在 2018 年 3 月份的日内瓦车展上发布了第二款纯电动汽车——Kona EV，定位为小型SUV[36]，如图2-39所示。现代Kona EV车头采用光滑的封闭式格栅和全LED双头前照灯，并拥有独特的17in铝合金轮毂，7种车身颜色以及3种对比色的车顶颜色可供选择。行李舱容量为373L，可调节的电动前排座椅带有加热和通风功能，转向盘也有加热功能。

现代Kona EV动力系统经过精心设计，可在不损害空间的情况下节省电池组的空间，如图2-40所示。动力电池没

图2-38　现代Blue On[34]

有采用镍金属混合动力电池，而是选择了锂离子聚合物电池，以提高充放电效率，以及峰值输出。电池热管理系统可实现更高的电池效率和更长的使用寿命，它通过与A/C系统的连接进行水冷，并由电加热元件进行加热。该车的动力电池有两个版本，39.2kW·h版本的最高时速为155km/h，WLTP循环续驶里程达312km，而64kW·h版本的最高时速为167km/h，WLTP循环里程达482km。该车动力系统可提供395N·m的瞬时转矩，0~100km/h加速时间仅需要7.6s。

图2-39　现代Kona EV（后有彩图）

图2-40　动力传动系统组件

在充电方面，现代Kona EV提供多种充电方式和插头类型。充电功能显示界面可以清楚地显示充电的范围和电池状态，以及插入各种类型充电器的充电时间。使用中心屏幕上的"充电时间保留"功能可以设置开始和停止充电时间，以充分利用非高峰时段的电费并唤醒充满电的电池。设置充电限制（例如90%）以管理充电时间和充电成本。可以在充电站以最低电量充电，然后在睡眠时在家以低成本对电池充满电，如图2-41所示。

在制动方面，为了保持车辆良好的充电状态（SOC），对制动策略进行了优化，制动过程中，可以充分利用再生制动系统，如驾驶人可以通过转向盘后方的拨叉调节器来调节再生制动的程度，如图2-42a所示。智能再生制动系统利用车载雷达传感器自动控制再生制动的水平，以对前方的交通做出反应。此外还可检测车辆是在上坡还是下坡来进行相应的调整，如图2-42b所示。

全新的现代Kona EV还搭载了先进的驾驶辅助系统——现代SmartSense，实现最新的主

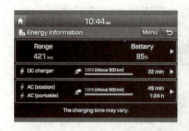  

图 2-41　充电功能

动安全，如前避撞辅助系统（FCA）、盲区碰撞警告系统（BCW）、后方交叉路口碰撞警告（RCCW）、车道保持辅助（LKA）、远光灯辅助系统（HBA）、近光灯辅助系统（LBA-S）、驾驶人注意警告（DAW）和智能限速警告（ISLW）等多个智能功能[39]。

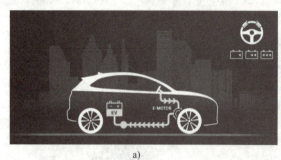 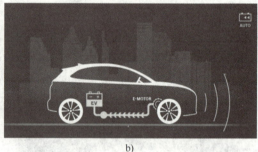

图 2-42　制动能量回收系统

2.6　法国纯电动汽车技术发展

前已述及，1990 年欧洲"城市电动车"协会成立，在欧洲共同体组织内有 60 座城市参与，该协会帮助各城市进行电动汽车的可行性研究和安装必要的设备，并指导电动汽车的运营。欧洲的电动汽车中最为成功的是标致电动汽车 106 车型，从 1995 年年底开始，欧洲第一批电动汽车批量生产，此后欧洲各国都在继续发展电动汽车，据欧洲电动汽车协会（AVERE）数据，可知从 1996—2000 年，欧洲电动汽车拥有量增长了 2.76 倍，即从 5890 辆增长到 16255 辆，其中法国对电动汽车的发展最为重视，比第二位瑞士的电动汽车拥有量高出近 2 倍，排名第三的是德国[13]。

法国作为欧洲电动汽车销量最高的国家，在 2017 年 7 月 8 日正式宣布将逐渐禁止在国内销售汽油车和柴油车，并将最后期限定在 2040 年，主要目的就是推广电动汽车和绿色新能源汽车的发展。此举让法国成为全球第二个宣布禁止销售内燃机汽车计划的国家，之前挪威也宣布在 2025 年不再销售内燃机汽车。

法国人口约 6600 多万，汽车保有量 3800 万，公共充电桩已经超过了一万个，充电桩的覆盖率较高，法国政府的目标是到 2030 年，充电桩数量达到 700 万，已有企业开始研究电动汽车和充电桩普及之后的电网负荷问题、废旧电池的商业模式等。法国政府在电动汽车购买补贴方面的大力支持和中国一样,可以提供直接的金钱补助,但补助的金额是和每公里碳排放挂钩,而不是根据依靠纯电行驶的里程,且碳排放的要求只有纯电动汽车可以满足,针对纯电动汽车,政府补助数额不能超过汽车含税价的27%。从趋势上来讲,法国政府对电动汽车的补贴力度也在逐渐减弱。[14]

早在1941年的法国标致作为唯一一家大型汽车制造商就宣布其城市轻型电动车"VLV"在索肖工厂下线,该款车从1941年6月至1945年2月在巴黎地区生产,目前在法国索肖的标致博物馆内还收藏着VLV-1941这款城市轻型电动汽车,如图2-43所示。这款微型两座敞篷小车自重仅为350kg,其中蓄电池重量占了160kg。电机被安装于两个后轮之间,在2250r/min时的最大输出功率为2.16kW,4个12V的蓄电池可提供75~80km的续驶里程,最高时速可达36km/h。当时购买和使用这样的车需要购买证以及行驶许可证。此后,由于各方面的原因,该城市轻型电动车在生产了377辆之后便停产了。

图2-43 标致品牌第一款电动汽车VLV[15](后有彩图)

此外,标致雪铁龙集团一直关注电动汽车技术研发领域,截至2005年,其在全球销售的乘用和轻型商用电动车总量达1万台,占全球总销量的1/3。在中国,标致雪铁龙集团也通过专项合作,加快电动汽车动力系统项目的研发。当时计划在2010年年底前推出标致PEUGEOT Ion和雪铁龙C-ZERO电动汽车,如图2-44和图2-45所示。标致雪铁龙还推出了创新概念的电动车型,如C-Cactus电动概念车。

图2-44 标致PEUGEOT Ion[16]　　　　　图2-45 雪铁龙C-ZERO[17]

2008年3月,标致雪铁龙与其合作伙伴Venturi汽车公司联手开发Berlingo First,来应标法国邮政的500辆特殊用途的电动汽车。2008年10月,又与法国电力公司签署了关于电池技术、充电系统、车辆基础设施接口及相关经济型车辆定义的合作协议。2009年3月2日,标致雪铁龙与三菱汽车签订合作协议,双方将针对欧洲市场合作开发以三菱iMiEV为基础的电动车型[18]。

法国雷诺（RENAULT）也于2012年年底推出多功能ZOE电动汽车，从而确立了自己在电动汽车领域的地位，如图2-46所示。

图2-46 雷诺ZOE电动汽车（后有彩图）

雷诺ZOE是属于ZE系列的车型，ZE系列的电动汽车具有专门用于优化其自主性的特定技术：ECO模式、预调节和Range Optisizer。ZOE是雷诺电动汽车，具有迄今为止最长的续驶里程（WLTP续驶里程395km）。Kangoo ZE实际只有200km的续驶里程；距离远大于商用车的平均距离，Master ZE电动货车可提供120km的续驶里程。ECO模式是一种优化能耗的功能，它作用于车辆的某些消耗元件（加热、空调、转向辅助等）以及某些驾驶路况。

雷诺ZOE是最受欢迎的服务是100%电气技术的设计。这款多功能电动汽车在城市和乡村都一样舒适，是一种智能的日常出行解决方案。New ZOE的电池性量为52kW·h，可行驶长达395km（WLTP），其能量集中度是传统12V电池的100倍以上，而能量却是智能手机的6000倍。它安装在车辆下方，并由特定的盒子保护，是车辆中最昂贵的部分，如图2-47所示。每月44欧元起的租金，使所有人都能使用电动驾驶，保证其正常运行，并且可用容量始终大于最初10年初始容量的75%，然后超过60%。通过预处理获得自主权，接通车辆电源后，可以在出发时通过EASY LINK编程所需的温度，或者通过智能手机立即启动预调节，目标温度为21℃。

通过在Wallbox 3.7kW或7.5kW Wallbox终端上安装Green-Up插座，可实现在家中为New ZOE充电。通过2型电缆连接的壁装箱允许在9.25h内从0充电到100%；为实现在任何地方给Renault ZE充电，充电点分布较广。借助标准的Caméléon™充电器可以在购物中心、市区停车场或公共道路上的22kW充电站上，在3h内恢复100%的

图2-47 ZOE高压电池包

电量，此外，雷诺网络中有400个充电点，作为ZE客户每天可获得1h的免费充值；借助快速的DC 50kW充电插座，New ZOE只需30min即可恢复长达150km的续驶里程，现在，越来越多的大型品牌拥有快速充电站，借助New ZOE格栅菱形后面的Combo CCS插座，可以连接到欧洲的任何充电站。

配备新的100kW（135PS）电机，New ZOE 为驾驶人提供更多的乐趣和感官，其135hp（1hp＝0.746kW）的功率和245N·m的转矩使驾驶人可以受益于改进的性能，以提供更多的多功能性和舒适性，尤其是在快速行驶时。搭载了自动变速器和配置了模式B，为了方便驾驶人在城镇或减速期间行驶，只需按下变速杆即可激活模式B，然后，一旦松开加速踏板，New ZOE 就会更加强烈地减速。这减少了驾驶人对制动踏板的使用，并让乘驾人员享受更平稳、更轻松的乘坐体验；配备"E-Shifter"电子变速杆可以通过简单的脉冲从一种模式转换到另一种模式，简单的脉冲足以从模式B切换到模式D，反之亦然，也可以接合倒档，然后，所选的驾驶模式将显示在控制台以及10in仪表板上，如图2-48所示。为了确保驾驶人在所有情况下的安全，New ZOE 配备了许多驾驶辅助装置，既确保安全又便于操作[35]。

图2-48 "E-Shifter"电子变速杆

到2019年，雷诺的电动汽车累计客户超过20万个，营销国家超过50个，累计行驶里程超过40亿km，共获得60多个奖项。

2.7 中国纯电动汽车技术发展

中国新能源电动汽车产业始于21世纪初。2001年，新能源汽车研究项目被列入国家"十五"期间的"863"重大科技课题，并规划以汽油车为起点向氢动力车目标挺进的战略。"十一五"以来，我国提出"节能和新能源汽车"战略，政府高度关注新能源汽车的研发和产业化[40]。在政府政策的鼓励支持下，相关企业在纯电动汽车领域取得重大进展，新能源汽车产销量超过全球总量的一半，主要企业有比亚迪、吉利、蔚来、北汽、小鹏、威马、江淮、宝骏和广汽新能源等。

2.7.1 比亚迪（BYD）纯电动汽车技术发展

1. 比亚迪的发展历程

比亚迪成立于1995年2月，其业务布局涵盖电子、汽车、新能源和轨道交通等领域，2002年左右在香港上市[39,41]。2003年，比亚迪公司成为全球第二大充电电池生产商，同年比亚迪开始进军汽车行业。2003年1月22日，比亚迪与秦川汽车公司股东方签订股权转让协议，正式入主西安秦川汽车公司，成为继吉利之后国内第二家民营轿车生产企业。比亚迪汽车成立之后，公司迅速确立了三个业务：燃油汽车、电动汽车和混合动力电动汽车。比亚迪成立之初主要将精力放在基础建设和新车研发上，并在西安建立了产能为20万台的比亚迪汽车生产线，在深圳成立了比亚迪销售公司，在上海建立比亚迪汽车检测中心。成立之初两年里，比亚迪只推出"经济型精品家轿"福莱尔一款车型，主攻5万元以下的低端市场，但销量不算太高。

第一款真正为比亚迪打开汽车市场的F3车型诞生于2005年，F3最大的亮点就是性价比高、空间宽敞、外形大气时尚、高配车型配置丰富，售价为7.38万元，如图2-49所示。

在上市后就被疯狂地追捧，2007年1月和3月，F3月销连续突破1万辆，分别达到10064辆和10337辆，稳坐万辆俱乐部位置，并成为全国销量排行前十的车型，并且在短短13个月内累计销售已高达10万辆，成为最快突破10万辆的自主中级车型。

2006年，比亚迪的第一款搭载磷酸铁锂电池的F3e电动汽车研发成功，如图2-50所示，该车延续了F3的车身、内饰和悬架，但其电动机、减速器、电池组件以及控制系统全部由比亚迪自行研发和生产，由于当时充电设施不完善以及其他原因，F3e最终没有上市。基于F3e积累的技术经验，比亚迪随后投入第1代混合动力技术以及S6DM（2015年上市的4驱混合动力—唐）的预研项目。

图2-49　比亚迪F3 2005年款[42]　　　　　图2-50　比亚迪F3e

2008年9月29日，巴菲特的伯克希尔·哈撒韦公司旗下的中美能源控股公司宣布，斥资2.3亿美元入股比亚迪，占10%的股份，促使了比亚迪在电动汽车项目上的快速发展，也对提升比亚迪的品牌影响力起到巨大推动作用。2009年7月24日，比亚迪成功收购湖南美的客车制造有限公司的全部股权，具备了制造电动大巴的资质和能力。同年，比亚迪成立了洛杉矶分公司，将旗下的新能源车F3e、规划中的S6DM（唐）和电动大巴K9投放到美国市场，同年底开始测试电动大巴K9，图2-51所示。

图2-51　比亚迪电动大巴K9[43]（后有彩图）

比亚迪在研发汽车的同时，也非常注重经销商网络的建设，到2010年其网点最多时达到了1200家左右，比起2006年的500家，发展非常迅速。比亚迪把这1200家服务网点分成了四大销售网络，分别销售旗下不同的车型，其中A1网销售：F3、F6、S6；A2网销售：F3R、F0、S8、L3；A3网销售：F3R、G3；A4网销售：M6[44]。

在纯电动汽车领域比亚迪同样有突破性进展，比亚迪推出了e6纯电动汽车，该车是一款纯电动四驱轿车，是比亚迪继F3DM之后再次打造的第二款新能源车型，属于跨界车型，外观融合了SUV和MPV的特点，整体时尚大气，其车身尺寸为4554mm×1822mm×1630mm，轴距达到2830mm，如图2-52所示，该车售价为36.98万元，最高享受12万元的补贴，搭载的是比亚迪自主研发的磷酸铁锂电池。[45]2012年4月，比亚迪美国公司和全球最大的汽车租赁公司赫兹（Hertz）表示，在赫兹的帮助下，将比亚迪e6"先行者"电动汽车，投放到美国的汽车租赁市场，然后再面向个体消费者销售。同年12月，比亚迪凭借300台e6在深圳出租车市场两年多、累计超过3000万km的稳定营运和安全可靠的综合表现，成功中标深圳电动警务用车500台的纯电动警务用车。

图2-52 比亚迪e6"先行者"

比亚迪e6采用了电力驱动，其动力电池和起动电池均采用比亚迪自主研发生产的ET-POWER铁电池。据厂家称该电池经过高温、高压和撞击等试验测试，且不会对环境造成危害，其含有的化学物质均可在自然界中被环境以无害的方式分解吸收，可很好地解决二次回收等环保问题，是绿色环保的电池。该车配备60kW·h的动力电池，电机为终身免维护永磁电动机，功率达到75kW，动力系统采用了CVT自动变速器。工信部公布其工况续驶里程为300km，0~100km/h的加速时间在10s以内，最高车速限制为140km/h[46]。

2012年比亚迪汽车产销达到了45.6万辆，继2011年销量下滑之后，迎来了首次增长，标志着比亚迪从2010年下半年开始的为期近三年的调整期已经结束，从2013年开始进入"二次腾飞期"，当时确定的2013年销量目标为50万辆，电动大巴2000台以上，e6电动汽车6000台。

在新产品上，2013年比亚迪最受消费者关注的车型包括思锐、秦和S7。比亚迪思锐在2013年上海车展上市，是一款定位于中型车市场的车型；比亚迪秦是2013年最有力的产品，它是继比亚迪F3DM之后的DM双模动力的第二代产品，可以在电动和混动两种模式之间切换，最大输出功率可达226kW，百公里加速时间仅为5.9s；比亚迪S7则是定位高于比亚迪S6的车型，配置也较高，且采用了比亚迪最新研发的PM2.5绿净技术。

2014年，中国政府对新能源产业的支持，推动了比亚迪、北汽和江淮等车厂在新能源车用技术方面的快速发展。同时，比亚迪的e6电动出租车、K9电动大巴成为中国多个城市的公共交通运营主力，也输出至欧洲美洲甚至日本进行示范运营。

2015年1月，比亚迪宣布其首款542战略车型——比亚迪唐开启预售。比亚迪唐是全球首款三擎四驱双模SUV，三擎动力实现百公里加速5s以内，比亚迪唐为比亚迪汽车销量开辟了一个新的增长点。2015年4月，比亚迪正式发布"7+4"全市场战略布局，其中"7"代表7大常规领域，即城市公交、出租车、道路客运、城市商品物流、城市建筑物流、环卫车、私家车；"4"代表4大特殊领域，即仓储、矿山、机场、港口。比亚迪的目标是力争实现中国道路交通领域的"油改电"，逐步实现全市场布局。

2016年，比亚迪新能源汽车销量同比大幅增长69.85%，达9.6万辆，销量蝉联全球第一，其中新能源乘用车销量近8.6万辆，增速65.41%；纯电动大巴销量超1万辆，同比增长120.68%，市场份额大幅提升[47]。同年，比亚迪整体营收为1034.7亿元，同比增长29.32%，其中汽车及相关产品业务收入约570亿元，而新能源汽车业务收入为346.2亿元，在汽车业务板块中占比高达60.7%，在公司总收入中占33.46%，成为比亚迪收入和利润的重要来源。同期,与汽车相关的政府补助为7.11亿元,占其50.44亿元全年净利润的14.1%。

近年来,借助国家政策以及先发优势,比亚迪在新能源汽车市场连续数年销量第一,2016年首次突破10万辆。同时,比亚迪汽车也不断走向全球,例如纯电动大巴进入了英国伦敦、韩国和意大利,纯电动货车进入了美国市场。如今,比亚迪新能源汽车已遍布全球六大洲的50个国家和地区,约240个城市[47]。

2017年11月8日,比亚迪入选时代影响力·中国商业案例TOP30。2019年12月,比亚迪入选2019中国品牌强国盛典榜样100品牌。2019年12月18日,人民日报发布中国品牌发展指数100榜单,比亚迪排名第24位[48]。

随着乘用车"双积分"政策出台,未来电动汽车发展会有天翻地覆的变化,按照比亚迪的战略规划,新能源汽车2020年在比亚迪汽车业务中将占到90%,到2030年,比亚迪将完全实现私家车电动化。

在2019年上海车展上,比亚迪旗下全新两厢轿车——比亚迪e2正式亮相,如图2-53所示,该车整体设计风格依旧拥有"Dragon Face"设计元素,其外廓尺寸为4240mm×1760mm×1530mm,轴距为2610mm。在配置方面,该车将根据车型不同提供多种前格栅、外后视镜、尾部标识、轮辋造型、车顶颜色、前后保险杠颜色、前舱盖、摄像头、倒车雷达和行李架等配置。在轮胎尺寸方面,新车将提供205/60 R16等型号供消费者选择。在动力方面,新车将搭载一台型号为BYD-1814-TZ-XS-A的永磁同步电机,其最大功率为70kW,电池则使用的是镍钴锰酸锂电池,该款新车的NEDC续驶里程有望达到360km或以上[49]。

图2-53 比亚迪e2(后有彩图)

永磁同步电机结构

2. 比亚迪元EV的技术特点

比亚迪元EV是比亚迪于2018年左右推出的车型,如图2-54所示。该车0~50km/h加速只需3.9s,不同版本配置的电池能量分别为40.62kW·h和53.22kW·h,为7维4层电池矩阵结构,均通过针刺、火烧、碰撞和过充等28项极限考验,且进行了侧边防撞击加固、车身底部变形结构加固,碰撞中有效保护电池,在工况法下的纯电续驶里

图2-54 比亚迪元EV

程分别为 305km 和 410km，在等速法下的纯电续驶里程分别为 360km 和 535km。30min 极速快充至 80%，充电口如图 2-55 所示；该车采用了交流永磁同步电机，不同版本配置有不同的电机最大功率和转矩，分别为 70kW/180N·m 和 120kW/280N·m。

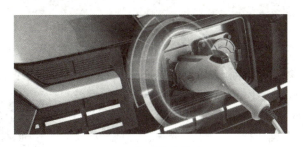

图 2-55　极速快充充电口　　　　　　　　　充电接口认知

比亚迪元 EV 还搭载了 360°全息透明影像，博世第九代"五位一体"车辆稳态控制系统（EPS）、以及胎压检测、电子驻车系统（EPB）等智能辅助安全系统，提高车辆的主动安全性能。该车还采用了 3H 高刚性车身和 8 个安全气囊，其安全等级为 5 星级，如图 2-56 所示。同时搭配了碰撞、漏电和短路等 8 大高压防护，并配备有 E-call 碰撞自动求救，10min 黄金语音救援的智能碰撞呼救系统，充分保障被动安全性。

图 2-56　比亚迪元 EV 高刚性车身

比亚迪元 EV 还满足了高标准的环境安全要求，具有 PM2.5 绿净™空气质量智能优化系统，双层密质过滤，可在 8min 内将 PM2.5 浓度由 999μg/m³ 降到 35μg/m³，车内大量采用豪华皮革面料、棉纤维等环保材料。除此之外，该车还搭载了 DiLink 智能网联系统，配备灵犀 AI 智能语音交互，70 多项智能语音控制功能，实现语出即应的功能[50]。

3. 比亚迪 S2 EV 的技术特点

2019 年 4 月 16 日，比亚迪在以"共创美好生活"为主题的第十八届上海国际汽车工业展览会上发布了 e 系列全新车型。作为 e 系列首款 SUV，S2 定位于"全能智享纯电 SUV"，如图 2-57 所示。该车同样基于比亚迪全新 e 平台打造，配备三电一芯、比亚迪高防护电池，该车 NEDC 综合工况续驶里程为 305km，等速续驶为 360km，充电 15min 增加续驶 100km。搭载了 DiLink 智能网联生态系统，集成智能云服务、车机互联、echo 智能语音交互系统、keyless 智能钥匙系统，该车的定位是塑造全球品牌高"品智"标准[51]。

图 2-57　比亚迪 S2

在性能方面，该车搭载了交流永磁同步电机，最大功率可达 70kW，最大转矩可达 180N·m，0～50km/h 加速时间为 5.8s，配备了最大50kW直流快充模块,30min快充电量可达30%~80%。该车还搭载了制动优先系统(BOS)、电动助力转向系统(EPS)、前排双安全气囊、制动踏板驻车系统、胎压监测系统(TPMS)、后排中座三点式安全带、主驾未系安全带声光报警、ISO-FIX儿童座椅固定装置、车速感应自动上锁等智能辅助安全系统[52]。

2.7.2 吉利(GEELY)纯电动汽车技术发展

吉利控股集团(ZGH)是一家全球化企业,总部位于中国杭州。集团始建于1986年,于1997年进入汽车行业。吉利控股集团旗下拥有吉利汽车、领克汽车、沃尔沃汽车、极星(Polestar)、宝腾汽车、路特斯汽车、伦敦电动汽车、远程新能源商用车、太力飞行汽车、曹操专车、荷马、盛宝银行、铭泰等品牌。目前,吉利控股集团已发展成为一家集汽车整车、动力总成,关键零部件设计、研发、生产、销售及服务于一体,并涵盖出行服务、线上科技创新、金融服务、教育、赛车运动等业务在内的全球型集团。吉利产品覆盖范围从小型车到中大型车、从跑车到豪华车、从乘用车到商用车、从摩托车到飞行汽车,以满足不同层次的消费者需求。吉利汽车主流纯电动汽车主要有EV300、EV500和几何A三款。

新能源汽车充电技术运用

1. 吉利帝豪EV300的技术特点

吉利帝豪EV300车身尺寸为4631mm×1789mm×1495mm,在满载情况最小离地间隙为115mm,如图2-58所示。该车采用95kW的永磁同步电机作为动力驱动,配备的是单级减速器,最大转矩可达240N·m,最高车速为140km/h,0~100km/h加速时间为9.9s。该车搭载的动力电池是三元锂电池,并采用ITCS的电池智能温控管理系统,当夏季高温时,该系统进行冷却液循环,从而降低动力电池环境温度。该车拥有强大的续驶能力,综合工况续驶里程达300km,60km/h匀速工况续驶里程可达360km。采用快充模式45min可充满80%的电量,同时还有7h的慢充以及24h的应急充电盒两种充电方式[53]。

图2-58 吉利帝豪EV300

2. 吉利帝豪EV500的技术特点

经过不断创新开发,2018年吉利推出了帝豪EV450(注:450即代表续驶里程为450km),如图2-59所示,2019年吉利曾考虑推出EV500。经过全新的升级,续驶里程的综合工况达到500km,并独创"能效金三角",以强大的电池、电机和电控三电集成驱动系统,配以软件优化,实现超低能耗,从驱动端到回收端,完成能量正向流动闭环,高效、高能、高控,百公里电耗低至13kW·h,以北京市居民用电价格为例,每公里不足7分钱[54]。

吉利帝豪EV500还配备了ITCS2.0智能温控管理系统,在-35~50℃温度区间,都可以正常充电高效行驶,确保电池性能,解决极端天气出行难题。同时也满足了高频用电区间使用需求,60kW充电桩,30%~80%电量充电时间只需30min,该车还配备了多种充电模

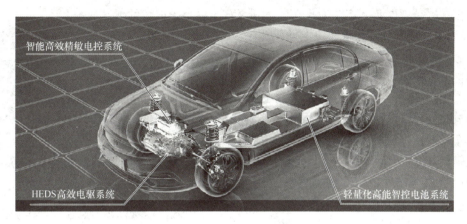

图 2-59　能效金三角

式,用户可以根据不同环境而选择最佳充电途径保障用车便捷。

3. 吉利几何 A（GE11）的技术特点

吉利几何 A 是吉利子品牌吉利新能源 2019 年首款全新正向研发的高性能纯电动轿车,如图 2-60 所示。该车分为两个车型版本:一个是标准版车型,电池能量为 51.9kW·h,NEDC 续航 410km;另一个是高续驶车型,电池容量 61.9kW·h,NEDC 续驶 500km。该车还配置了 HEDS 高效电驱系统、智能高效精敏电控系统、轻量化高能智控电池系统、ITCS 电池智能温控管理系统 3.0 版,同样可实现 -30～55℃ 正常、高效充电,30min 30% 快充至 80%[55]。

图 2-60　吉利几何 A（后有彩图）

2.7.3　蔚来（NIO）纯电动汽车技术发展

蔚来汽车是全球化的智能电动汽车品牌,由蔚来李斌、京东刘强东、汽车之家李想、腾讯、高瓴资本、顺为资本等互联网企业于 2014 年 11 月联合发起创立,其 LOGO 象征着开放、未来的天空,以及象征着行动、前进的道路,英文品牌 NIO 取意 A New Day（新的一天）。蔚来旗下主要产品有蔚来 ES6、蔚来 ES8、蔚来 EVE、蔚来 EP9 等。蔚来也获得淡马锡、百度资本、红杉、厚朴、联想集团、华平、TPG、GIC、IDG、愉悦资本等数十家知名机构投资[56]。

2015 年,Formula E 国际汽联电动方程式锦标赛首个赛季（2014—2015 年）最后一站在伦敦完赛,NEXTEV 蔚来汽车 TCR 车队的车手小皮奎特获得 Formula E 历史上首个年度车手总冠军，这也是中国车队迄今为止在国际顶级汽车赛事中取得的最好成绩[57]。

2016 年，蔚来发布全球最快电动汽车之一的 EP9，它的定位是一款电动超跑，性能可与法拉利 LaFerrari、迈凯轮 P1 等顶级车型媲美，曾在 2016 年 10 月 12 日德国纽博格林北环赛道进行的测试中，2016 年 EP9 创造了 7 分 05 秒的最快电动汽车圈速，11 月 4 日又以 1 分 52 秒的成绩刷新了法国 Paul Ricard 赛道的最快电动汽车圈速，成为纽博格林北环等国际知名赛道最快圈速纪录以及最快无人驾驶时速世界纪录，如图 2-61 所示。

图 2-61　蔚来 EP9（后有彩图）

蔚来 EP9 搭载了 4 台高性能电机以及 4 个独立变速器，能够输出 1041kW 的强劲动力，0～100km/h 加速时间为 2.7s，0～200km/h 加速时间 7.1s，极速 313km/h。EP9 采用弹匣式可换电池系统，快充模式下充满电仅需 45min，续驶里程可达 427km。EP9 搭载了 DRS 可调扰流控制系统，包括采用了三种可调模式的动态尾翼系统和全尺寸底盘扩散器等空气动力装置，使 EP9 在每小时 240km 的速度下能够获得高达 24000N 的空气下压力。

2017 年，蔚来发布了概念车 EVE，如图 2-62 所示。蔚来 EVE 是一个无人驾驶的移动生活空间，以"第二起居室"为设计理念，让用户能够充分享受愉悦自由的出行时间。通过全景座舱、智能全息屏幕等交互技术，实现了车与环境、人与环境的融合。

图 2-62　蔚来概念车 EVE（后有彩图）

2017 年 4 月 19 日，蔚来携 11 辆车亮相 2017 年上海国际车展，发布了量产车蔚来 ES8，旗舰超跑蔚来 EP9 也开启预售。ES8 是一款高性能 7 座纯电动 SUV，计划于 2017 年年内正式发布，2018 正式开始交付。蔚来 ES8 是蔚来量产车，其中"E"代表"电动"，"S"代表"SUV"，"8"代表性能等级，如图 2-63 所示。全新蔚来 ES8 外观在传承之余，显得更锐利、更现代。在内饰的设计和材质提升方面，数字座舱全面升级为 9.8in 超窄边数字仪表盘和 11.3in 高清多点触控中控屏。配备汽车行业首个 AMOLED 全圆屏 NOMI Mate 2.0，显示面积和效果大幅提升。此外，全新蔚来 ES8 还配备了智能充电口盖及 NFC 卡片式车钥匙等高科技配置。全新蔚来 ES8 搭载 160kW 永磁电机和 240kW 感应电机智能四驱系统，提供 406kW 功率，725N·m 的强劲动力，兼顾长续航和高性能。搭载 100kW·h 液冷恒温电池包后，全新蔚来 ES8 NEDC 续驶里程达 580km。

2018 年 9 月 24 日，北纬 N33°50′37″东经 E89°06′00″，北京时间 15 时 40 分，气温 −5℃，由 0312 号车主 Lance 驾驶的蔚来电动汽车 ES8 攀登上了位于西藏羌塘无人核心区的普若岗日冰川,在吉尼斯世界纪录认证官的见证下,实测现场海拔达 5715.28m,成功创造吉尼斯世界纪录称号——"电动汽车行驶的最高海拔"。

蔚来汽车的第三款量产车——智能电动轿跑 SUV 蔚来 EC6 采用轿跑式车身设计,整车风阻系数低至 0.27,如图 2-64 所示。蔚来 EC6 的一体化穹顶式玻璃车顶,总面积达 2.16m²。蔚来 EC6 性能版搭载前 160kW 永磁电机和 240kW 感应电机,百公里加速仅为 4.7s。搭载 100kW·h 液冷恒温电池包的 EC6 性能版 NEDC 续驶达到 615km。

图 2-63　蔚来 ES8

图 2-64　蔚来 EC6

2.7.4　北汽(BAIC)新能源纯电动汽车技术发展

北京新能源汽车股份有限公司(北汽新能源)创立于 2009 年,是由北京汽车集团有限公司发起并控股。业务范围涵盖新能源汽车整车及核心零部件研发、生产、销售和服务等,以及分时租赁、充换电运营、二手车置换等综合服务,同时涉及智能制造、能源管理、智慧出行、互联网 + 等多个战略新兴产业。目前,北汽新能源已经形成了 EC、EU、ES、EV、EX、EH 六大产品系列[58]。

截至 2017 年 6 月,北汽新能源建设了公共充电桩 9845 个,通过合资合作建设了公共充电桩 4.29 万个,建设了私人充电桩 24688 个。服务站点建设至 2017 年底超过 300 家。

1. 达尔文系统

自 2009 年成立以来,北汽新能源以电动化为突破口,以全新的造车理念走出了一条全新的发展道路,依托三电核心技术,构建了全新平台正向开发的新能源整车体系化能力,并以"达尔文系统"技术品牌发布为标志,全面进入整车人工智能时代。

达尔文系统是北汽新能源融合人工智能、深度学习等先进技术,自主开发的具有自学习、自成长能力的整车人工智能系统。通过与百度、博世、哈曼等国际公司深度合作,实现包括智能辅助驾驶(ADAS)、L3 级自动驾驶、智能座舱监测、代客泊车等在内的智能驾驶功能,为用户带来解放双手、双脚和双眼的驾乘体验。全天候电池技术如图 2-65a 所示,使用电芯内部加热原理,可实现在极短时间内提升电池温度,其加热速率可达到 10℃/min,是传统加热方式的 20 倍。在零下 30℃的极寒环境中,电池加热时间将由 80min 缩短至 6min 以内。大功率充电系统如图 2-65b 所示,通过提升电压与应用水冷系统,将充电电流提升至 500A,充电功率超过 300kW,可在 350kW 输出功率充电桩实现充电 15min,行驶 450km。隔离式双向充放电技术(V2L 与 V2V),如图 2-65c 所示,V2L 技术将电动汽车变身拥有

60kW·h 电量的高能量，可实 3.3kW、标准 220V 交流电输出；V2V 技术将电动汽车变身标准交流充电桩，可为所有符合国标的电动汽车充电。一体化动力总成，集成高性能电机、高速减速器与高效电机控制元器件，可实现电驱动力总成的集成化、轻量化、高功率密度、高转速、平台化设计，相较传统动力总成，减重超过 20%，性能提升 25% 以上，如图 2-65d 所示。

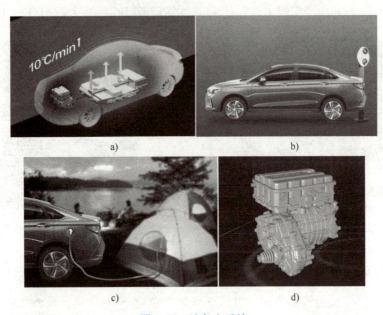

图 2-65 达尔文系统

达尔文系统不是被动的服务功能，而是在深度学习后主动满足用户的需求，已实现高达 98% 的自然语音唤醒识别率、多达 10 种手势识别功能，以及面部识别、空调、灯光、坐姿联动、噪声消除等自动功能。为处理庞大的数据量，达尔文系统拥有一个强大的"大脑"，可为用户提供始终与每个人独特习惯同步的的驾乘体验。达尔文系统赋能五大整车人工智能：智思-智能电控、智观-智能飞屏、智言-智能语音、智行-智能驾驶、智融-智能网联。EU7、EU5、EX5、EX3 等车型都搭载了达尔文系统。

2. 北汽 EU5

2018 年 4 月 25 日，诞生于达尔文系统的首款人工智能纯电动汽车——北汽新能源 EU5 落地，车身尺寸为 4650mm×1820mm×1510mm，轴距为 2670mm，接近 B 级车轴距标准，在同级别车型中具有突出优势。作为一款 A 级轿车，它在空间和设计等方面也达到了纯电动车领域的产品新高度，成为人工智能轿车新典范，如图 2-66 所示。

北汽 EU5 从智思、智观、智言、智行、智融五个维度，为用户带来全新驾乘体验。EU5 R500 的工况续驶里程为 416km，等速续驶里程 520km，EU5 R550 的工况续驶里程 450km，等速续驶里程 570km。2019 年北汽新能源接到 8 万台网约车意向订单，并成功进入警用车领域，并在 2019 年成都车展上发布了 EU5 R600，在续航方面，其工况续驶里程将提升至 501km，60km/h 等速续驶里程将提升至 635km。

智思——EMD3.0 智能电驱，作为 EU5 的智慧大脑，全面监测整车 260 个部件数据，智能分析决策、智能分配电能、智能调校动力，优化电池性能和寿命、强劲的电机动力和较高

图 2-66　北汽 EU5

的传动效率,使整车性能更优、续驶里程更长。EU5 的 EMD3.0 较第一代体积减小 46.5%,重量降低 40%,能效达到 98.5%。EU5 配备的 CATL 三元锂电池能量密度为 151W·h/kg,具有 4 种电池保护技术,电池质保 8 年或 15 万 km,-35℃极寒可充电。电机为北汽新能源自主研发的第三代永磁同步电机,同时匹配博格华纳减速器,使 EU5 的最大转矩达到 300N·m、最大功率为 160kW,0~50km 加速仅 3.4s,最高安全车速可达 155km/h。采用 One Pedal 单踏板能量回收系统,有效延长 18%~22% 的续驶里程。

智观——智能靓彩飞屏。配置了 12.3in 全高清靓彩数字仪表盘 +9in 高清悬浮娱乐中控大屏,可将充电、驻车、行车等信息显示在仪表盘内,还可将导航、多媒体、通话信息显示在数字仪表盘,增加了科技感和安全性。

智言——深度语音对话。搭载了基于百度 DuerOS 语音引擎打造的人车深度交互对话和语音控制系统,不但解放驾乘人员双手,还加入了迎宾、提醒和警示等智能语音关怀系统。

智行——10 项智能驾驶辅助(ADAS),搭载了自适应巡航、车道偏离预警、行人前碰撞预警、车辆前碰撞预警、自动紧急制动等。

智融——7 项智能出行服务。EU5 能通过网联,智能融入各种生活场景,可在车上查询播报海量网络信息、筛查预定行程、自动结算停车费等,还可以通过带独立网关的空中程序升级(Over-the-air Technology,OTA)。

3. 北汽 EX3

2019 年 4 月 16 日,北汽新能源在上海车展发布 A0 级跨界纯电 SUV 北汽 EX3,如图 2-67 所示,该车同样具有"五智"优势,还配置了 i-VOICE 座舱音效和智能车机蓝小鲸,拥有 10 种交互表情,增加了娱乐性。此外,该车搭载了仿生电池,配备先进的全气候电池温控技术,通过电池管理系统全时监控并调校电池、电芯和冷却液温度,可实现低温充电及恒温保持,如 -7℃环境中电量从 10% 充至 90% 仅需 70min,高温天气可控制电池温度在 45℃以内。该车还搭载了 V2X 双向充电

图 2-67　北汽 EX3（后有彩图）

技术,拥有车对车充电功能,或可安全稳定输出 220V 交流电,满足驾乘人员生活用电

需求。

北汽 EX3 的 One Pedal 单踏板能量回收功能，回收效率高达 22%~25%，相当于提升续驶里程 125km，使整车续驶达到 501~630km。配合自主研发的新一代永磁同步电机，智能优化电机，效率最高达 96.7%，能量转换效率最高达 95% 以上，最大可以提供 160kW 输出功率，最大转矩达到 300N·m，峰值转速高达 11000r/min，0~100km/h 加速仅 7.9s，最高安全车速可达 150km/h。

北汽 EX3 多维安全车身按照最新版 C-NCAP 五星碰撞标准设计研发，整车高强度钢应用比例高达 55% 以上，1500MPa 热成形钢使用比例高达 8.9%，$1cm^2$ 的 1500MPa 热成形钢可承受 13t 以上压力。整体车身结构形成两纵三横的封闭环形框架，提升整车框架刚性，车身结构可有效传导和分解撞击力，更大限度避免车内乘员受到伤害。前防撞梁采用先进的辊压成形技术，抗冲击性强。侧门内置 2 根超高强度防撞梁，能充分抵抗来自侧面的撞击力，加倍保护车内驾乘人员，如图 2-68 所示。

图 2-68　多维安全车身

为了进一步提高电池安全性，针对电池五类事故原因，即充电或者过充电、碰撞和托底等机械外力、电池本身热失控、电池泡水以及其他原因。2019 年 9 月 20，中汽中心与北汽新能源在天津联合首次发起"电动汽车三车双重碰撞"来模拟典型交通事故场景，以极限条件验证纯电动汽车的被动安全和电气安全。测试场景如图 2-69 所示，与单次碰撞相比，B 车受纵、横向两个方向的冲击，给车身刚性带来加倍考验；两次碰撞，车内乘员姿态不确定，给安全气囊、安全带等约束系统的匹配提出更高要求；最重要的是，电池包受到多次冲击，车内高压电路遭受挤压，测试难度极为苛刻。

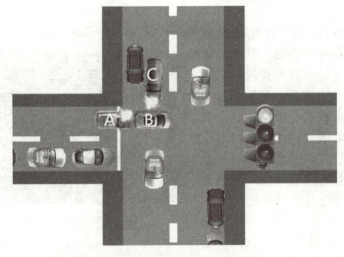

图 2-69　三车双重碰撞测试

2.7.5 小鹏纯电动汽车技术发展

2014 年,广州小鹏汽车科技有限公司成立,是中国智能汽车设计及制造商,也是融合互联网和人工智能前沿创新的科技公司,其致力于通过自主研发、智能制造,为用户创造更美好的出行生活[59]。

2016 年 9 月 13 日,小鹏汽车正式发布了首款车型——小鹏汽车 BETA 版(即 1.0 版本),其定位为一款纯电动 SUV,如图 2-70 所示。该车 0～100km 的加速时间分别为 7.9s(两驱版)和 5.8s(四驱版),采用了三星的 18650 电池,能量密度高达 152W·h/kg,续驶里程可达 300km[60]。

2017 年 12 月,小鹏汽车与海马汽车在郑州宣布战略合作,并同步举

图 2-70 小鹏汽车 BETA 版(后有彩图)

办了小鹏汽车首批量产 SUV 车型下线仪式。小鹏汽车与海马汽车的联手,并率先实现量产,意味着小鹏汽车已经完成从研发到生产、销售以及售后的完整布局[61]。

2018 年 1 月,互联网汽车小鹏 G3 在美国 GES 展全球首发。2019 年第二批中国保险汽车安全指数管理中心(C-IASI)测试结果公布,小鹏 G3 获得 C-IASI 的 4 项"优秀"及两项"良好"成绩,作为 C-IASI 发布以来首款参与测试的纯电动车型,在车顶强度、座椅/头枕试验、行人保护、辅助安全测试项目当中,获得堪比传统车企豪华品牌车型的成绩,定义了纯电车型在汽车行业的安全标准。小鹏 G3 520 使用了宁德时代的电池,能量密度高达 180W·h/kg,其工艺成熟,可靠性好,安全性高,环境适应性强,工作温度范围为 -30～55℃,适用于高温、高寒等极端环境。整个电池舱采用阻燃结构和防爆阀设计,并增加熔丝保护。全新的电池舱设计和高效的电池管理系统,在满足国标安全的同时,还通过了"打、砸、烧、泡"等极端测试。小鹏 G3 2020 款首次亮相海南车展,NEDC 综合工况续驶里程最高 520km,新车搭载 XPILOT 2.5 自动驾驶辅助系统,开启 L2.5 级自动驾驶时代[62],如图 2-71 所示。

2019 年 4 月,小鹏 P7 在上海车展首次亮相并启动预售,其定位为一款智能轿跑,如图 2-72 所示。整车拥有流线形动感姿态的轿跑车身,风阻系数为 0.236,两驱版本车型 0～100km/h 加速时间为 6.7s,四驱版为 4.3s。小鹏 P7 的底盘平台由拥有悠久跑车开发历史的保时捷工程公司开发,保证了整车的操控性和舒适性。

在智能化方面,小鹏 P7 基于智能电动平台架构(Smart Electric Platform Architecture,SEPA)打造,搭载高通顶级车用处理器高通骁龙™ 820A、系统级自动驾驶芯片 NVIDIA DRIVE Xavier,造就了高级别自动驾驶辅助、强大的智能交互、V2X 万物互联、生态拓展、整车 OTA 升级 5 大智能能力,此外在广州车展上发布的智能音乐座舱更是增加了小鹏 P7 在科技基础上的"感性元素"[63]。

图 2-71　小鹏 G3 2020 款外观

图 2-72　小鹏 P7

2.7.6　威马（WELTMEISTER）纯电动汽车技术发展

威马汽车科技集团（WM Motor）成立于 2015 年，公司名字取自德语世界冠军（Weltmeister），是国内新兴的新能源汽车产品及出行方案提供商。威马汽车致力于成为智能电动车的普及者，旗下首款全车交互智能纯电 SUV 威马 EX5，于 2018 年 9 月正式开启交付。该车采用最新一代高能比电芯模组，16 万 km 模拟实际路况测试，发现电池衰减低于 5%，搭载高效能量管理系统提供了 400km 和 520km 超长续驶里程选择。最快 30min 充电 30%～80%。威马 EX5 还配置了第二代热管理技术，全天候电池包恒温热管理大幅提升冬季充放电效率，实现全车热管理，通过外部热源支持同时加温电池包和座舱，使得冬季续驶增加 20%。[64] 驱动电机是一体式高功率永磁同步电机，如图 2-73 所示，峰值功率超过 160kW，峰值转矩为 315N·m，

图 2-73　一体式高功率永磁同步电机

100% 转矩响应速度少于 0.2s。动能转化效率高达 93%，该车还有两种动力模式选择，分别为经济 ECO 模式和运动 SPORT 模式，整车噪声为 58.9dB。

电池安全达到 IP68 防水、防尘标准，水下 1m，8h 浸泡无浸入。车身方面创新地采用塔式受力传递结构和多重高强度材料，该结构可以有效将破坏力逐层分解，降低座舱和电池箱的碰撞损伤，如图 2-74 所示。威马 EX5 配有 6 个安全气囊、博世 9.3 版本电子稳定系统 ESP 以及多达 20 个传感器的主动安全系统。Living Pilot 智行辅助系统可通过智能控车手机 APP 或者 Apple Watch，无须钥匙即可远程查询、控制和起动车辆，支持远程授权亲友。全生态 OTA 升级能力，可实现软硬件一体的常态化升级。

2019 年 4 月 12 日，威马发布智行 2.0 版 EX5 之后，又准备发售运动型全车交互纯电 SUV——威马 EX5 Pro，如图 2-75 所示。与此同时，威马 EX6 Limited 和 EVOLVE CONCEPT（图 2-76）两款量产概念车也一并亮相车展，将配备 Living Motion 三电动能系统、Living Pi-

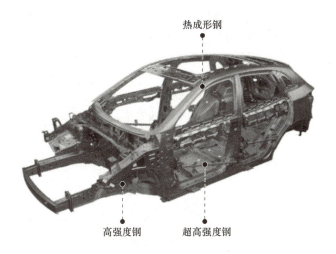

图 2-74 车身结构

lot 智行辅助系统和 Living Engine 全车交互智能引擎,这四款产品将全面推进威马汽车核心技术落地,夯实其"用得爽,用得起"的智能电动汽车普及者形象。

图 2-75 威马 EX5 Pro

图 2-76 威马 EVOLVE CONCEPT(后有彩图)

2.7.7 江淮(JAC)纯电动汽车技术发展

2020 年 01 月 10—12 日,以"把握形势聚焦转型引领创新"为主题的 2020 中国电动汽车百人会上,江淮汽车董事长发言,55 年来江淮汽车在变革中谋求发展,经历了多个转折点,2010 年启动新能源技术研究和产品开发,首批 591 辆纯电动轿车在合肥示范运行,拉开江淮电动化智能化为核心的第三次升级大幕。

基于对锂离子电池电动汽车产业发展的分析,江淮汽车在新能源汽车领域规划了"三步走"战略。2007—2010 年,产业处于萌芽期,系统集成先出车。2011—2019 年,产业处于过热期,潜心研究和实践,掌握核心技术。2020 年开始,面向规模化,启动产业深耕。依托 15.5 万辆电动车和 33 亿功率的市场验证,历经 13 年 9 代技术四代产品的积累,江淮打造了先进国内的江淮 iEV 平台,也是江淮大众合资项目产品开发的基础平台。

2019 年 4 月 16 日,江淮汽车在第十八届上海车展发布了长续驶里程纯电动 SUV——江淮 iEVS4。iEVS4 纯电动综合工况续驶里程达到 470km,最高续驶里程可达 600km,电池寿命最高可实现 100 万 km,可完全覆盖整车的使用周期。在电池安全方面,经过 3 年 1700 次模拟热失控试验开发,从电芯、简易模块、多串模组、电池包、整车五个层次,强制触发单体热失控,实现电池板不爆炸、不起火,结合新一代液冷恒温技术,杜绝电池风险,如图 2-77 所示。在智能配置上,江淮 iEVS4 搭载全新一代车联网 3.0 系统,实现了人与车机的深度对话交流,除具备传统的通过语音

图 2-77　江淮 iEVS4 搭载全新一代液冷恒温技术

控制导航、空调、音乐、搜索、紧急救援等功能外,还具备筛选预定行程等全新网联功能[65]。

2.7.8　宝骏纯电动汽车技术发展

宝骏是上汽通用五菱 2010 年创建的自主汽车品牌,目标是打造适合全球新兴市场的乘用车品牌,旗下主要车型有宝骏 630、宝骏 610、宝骏 730、宝骏 560、宝骏 310/310W、宝骏 510、宝骏 530、宝骏 360,纯电动车型方面主要有宝骏 E100、E200。

1. 宝骏 E100 的技术特点

作为上汽通用五菱旗下首款新能源车型,宝骏 E100 于 2017 年 8 月在柳州上市,如图 2-78 所示,堪称柳州新的"城市名片",该车曾荣获 2017 年新能源汽车智能电驱论坛"2017 年度最亲民新能源微型车"、2018 年国际新能源汽车用户评价与应用创新研讨会"用户评价前瞻奖"等荣誉,并在 2018 年 EV-TEST 第二批新能源车型测评中获得综合五星评价。截至 2019 年 5 月,宝骏 E100 累计销售超过 4.2 万辆[66]。

宝骏 E100 的轴距为 1600mm,5m 的标准停车位即可停入两辆 E100,转弯半径仅 3.7m,该车搭载了电子助力转向(EPS)、电子驻车制动、一键驻车、倒车雷达和仪表虚拟影像等,带来极致灵活的

图 2-78　宝骏 E100 (后有彩图)

驾驶感受。动力方面采用锂离子电池,电池能量为 23kW·h,综合续驶里程可达 250km,220V 家庭充电 11.5h 可充满,另外采用了永磁同步电机,0~50km 加速时间少于 6s,50~80km 加速时间少于 8s,起步便可达到最大转矩 110N·m,峰值功率高达 29kW,车速最高

可达 100km/h，同时还搭载 4G 车载 WiFi、蓝牙主机、收音机、APP 车技互联技术（可远程查询车辆状态）等技术[67]。

2. 宝骏 E200 的技术特点

2018 年 9 月，宝骏 E200 正式在广西地区上市。车身前部采用了突破传统的设计，提高了辨识度，灯具采用分体式设计，并基于几何元素打造流畅侧面。内部采用一体化开放座舱设计，配置了悬浮式触屏中控、数字化的 UI 科技、指针与数字组合的仪表和多功能转向盘，如图 2-79a 所示。整车尺寸为 2497mm × 1526mm × 1616mm，转弯半径仅为 3.8m。该车还搭载了集成式电桥，如图 2-79b 所示，实现超静音驾驶。续驶里程也为 250km，时速最高可达 100km/h。配备家用 220V 三插电源充电和 6.6kW 的充电机，4h 即可充满，车身使用超高强度及高强度钢的比例达 42.9% 以上，如图 2-79c 所示。三电性能安全可靠，配备有主动安全保护功能、绝缘故障报警以及短路保护功能，防尘防水等级达到 IP67[68]。

a)　　　　　　　　　b)　　　　　　　　　c)

图 2-79　宝骏 E200

2.7.9　广汽新能源纯电动汽车技术发展

广汽新能源是广州汽车集团股份有限公司旗下汽车品牌，成立于 2017 年 7 月 28 日，首期投资 46.97 亿，产能 20 万辆/年。2017 年广汽新能源的车型 GE3 正式上市，2018 年广汽新能源携手腾讯车联 TAI 发布全新 AI 系统，2019 年广汽新能源 Aion S 在北京上市，定位为中高级智能轿车引领者，如图 2-80 所示。

Aion S 是广汽新能源基于广汽第二代纯电专属平台 GEP 打造的首款战略车型，聚合了多项先进技术：一是动力方面，实现乘员舱空间最大化和机舱空间

图 2-80　广汽新能源 Aion S（后有彩图）

最小化、电机和控制机及减速机深度集成式"三合一"电驱系统。该车最高功率为 135kW，最大转矩为 300N·m；二是在电池和能源方面，该车使用了最新一代"811"配方高性能电池，拥有 170W·h/kg 的能量密度和 13.1kW·h/100km 的电耗水平，实现了纯电综合续驶里程 510km，新一代电池管理系统（BMS）也具有更高安全性，如图 2-81 所示并且还可以充分利用太阳能技术，打造出太阳能智能生态座舱，可实现车内自动通风及为蓄电池充电，实现了太阳能技术在量产车上的应用。三是该车搭载了自动驾驶系统（ADIGO）与智能物

图 2-81　第二代纯电专属平台 GEP 及 CATL 新一代高性能电池

联系统,通过与腾讯车联 TAI 进一步合作,成为实现 L4 自动驾驶示范运行的量产纯电动车型,并安装了腾讯/高德双地图系统 3.0,支持全系统 OTA 升级,还具备了 APP 代客泊车及自动接送、限定区域无人驾驶,包括高速自动辅助驾驶、拥堵自动辅助驾驶、自动泊车等技术;四是深度定制化,超 16800 种定制组合可供用户选择,用户可通过先进的互动式定制工厂实现全程可视化见证车辆生产过程[69,70];五是车身方面,采用超跑式前轮导流通风口,通过优化车头与前风窗玻璃、后风窗玻璃与尾箱鸭尾的角度,大幅度降低了风阻,实现了 0.245 的风阻系数,达到电动轿跑级别,如图 2-82 所示。

图 2-82　车身设计

2.7.10　奇瑞纯电动汽车技术发展

奇瑞汽车股份有限公司,1997 年 1 月 8 日成立,总部位于安徽省芜湖市。1999 年 12 月"清洁能源汽车专项组"成立,2002 年 4 月获得"十五"国家 863 计划电动轿车重大专项,2003 年 6 月第一期 863 计划混合动力电动汽车、电动轿车通过验收,2004 年 11 月 BSD 混合动力轿车核心技术与关键零部件研发项目获批为"十五"国家 863 计划,2005 年 6 月"国家节能环保汽车工程技术研究中心"成立,同年 8 月获得国家科技进步一等奖,2006 年 10 月获"十一五"国家 863 计划"节能与新能源汽车"重大项目,2007 年 10 月 A5　BSG 出租车示范运营,2008 年 4 月 BSG/ISG 汽车服务奥运。2015 年 6 月奇达动力电池公司注册成立,2016 年 4 月与日本安川电机签约,同年 10 月,奇瑞新能源资质核准获批[71]。

2009 年 3 月,M1EV 纯电动汽车下线,2011 年 11 月,10 辆 M1EV 中南海机要通信车完成交付,2012 年,M1EV 立项开发获得国家创新工程,2013 年,第二批 M1EV 中南海机要通信车完成交付。2014 年奇瑞 eQ 纯电动汽车上市,2017 年 3 月,奇瑞小蚂蚁 eQ1 上市,并同时签订 1 万台订单,6 月奇瑞新能源齐河基地奇瑞小蚂蚁 eQ1 产品下线仪式,2019 年 6 月,2019 款奇瑞小蚂蚁在北京上市,如图 2-83 所示。

1. 瑞虎 3xe 的技术特点

2018 年 3 月瑞虎 3xe 上市,该车采用的是 Chery Design 家族化设计,搭配 H.D.S 水流动感车身和黑色炫酷轮毂，3R-Body 高强度笼式车身设计达到了五星安全标准，如图 2-84 所示。该车具有智能互联体验功能，8in 高清彩色大屏，可以与苹果 carplay 手机互联，从而实现远程预约充电、远程启动空调、远程诊断系统、远程定位、手机信息监控等功能。

图 2-83 2019 款奇瑞小蚂蚁

在性能方面，该车搭载的是 54.3kW·h 高效能三元锂电池，NEDC 续驶里程 401km，最大续驶里程 500km，配有 3 档能量智能高效回收系统，快充 30min 至 80%，慢充 8h 充满。驱动电机是安川高性能永磁同步电机，在调速范围、起动转矩、后备功率和电能转化效率等诸多方面都有优良的性能，最大功率 90kW，最大转矩 276N·m，0~50km/h 加速时间仅 3.6s，最高车速 151km/h。同时还配备了高压配电、绝缘检测、物理隔离、互锁检测、开盖检测、连撞检测、继电器状态检测、预充电检测、主动安全管理、MDS 等多项安全保护策略，以及出色的三电安全

图 2-84 3R-Body 高强度笼式车身

管理系统、先进的电池热管理系统、莲花底盘精准调教车身电子稳定系统 C-ESC，图 2-85 所示为瑞虎 3xe 动力系统布局。

图 2-85 瑞虎 3xe 动力系统

2. 瑞虎 e 的技术特点

2019 年 4 月 16 日，奇瑞瑞虎 e 在上海车展正式亮相，奇瑞瑞虎 e 定位为一款紧凑型纯电越享智联 SUV，车身和轴距分别达到 4358mm 和 2630mm，如图 2-86 所示。其前脸采用虎踞式格栅镂空设计，加大了灯组以及导流罩的面积，也大大增强了车身宽度的视觉效果。车内配备了 7in 多功能液晶仪表盘和 9in 高清电容触摸屏，面板镶嵌了金属镀铬条，电子驻车制动的设计增加了前排座椅空间，还配备了智能手环，可实现无钥匙进入/启动、车窗开关

以及运动心率监测等功能,搭载了升降式旋钮换档设计,可随着车辆的起动和断电自动升降,顶配版本还增加了 0.8m² 星空氛围全景天幕设计。

作为奇瑞新能源首款量产于 T1X 平台的纯电 SUV。在驾控方面,配置了前麦弗逊 + 后多连杆的独立悬架组合,并采用了一体笼式车身 + 6R 纵梁结构的安全防护设计,如图 2-87 所示,其材料是德国本特勒超高强度热成形钢,车内配备环护式六方位安全气囊,以及搭载了车身电子稳定系统(C-ESC)等安全防护技术;在动力方面,该车性能与艾瑞泽 e 基本相同。

图 2-86 瑞虎 e(后有彩图)

图 2-87 车身结构

3. 艾瑞泽 e 的技术特点

2019 年 8 月,艾瑞泽 e 在北京上市。作为重量级战略车型 A 级纯电轿车艾瑞泽 e,外观方面则采用了更为时尚的全新宽体"X"前脸设计,配合新能源家族式的前格栅和俯冲式的车身腰线,运动型双尾飞翼式 LED 炫彩光导尾灯,整体造型非常犀利动感。艾瑞泽 e 的内饰采用了三屏环绕智慧数字驾驶座舱、非对称式未来之翼悬浮仪表台、前后自由滑动中央扶手箱,如图 2-88 所示。

图 2-88 艾瑞泽 e 的内饰

在智能配置方面,艾瑞泽 e 搭载科大讯飞最新 AI 语音控制系统,可轻松实现智能互联、智能导航、智能娱乐和空调操控等多种功能,驾乘人员可通过不同方言指令控制天窗、近光灯、车窗等。艾瑞泽 e 还实现了整车的 4G/Wifi 覆盖、远程操控,并装备了 360°全景影像、EPB + AUTOHOLD 自动驻车、外后视镜电折叠 + 电加热、前排座椅电加热以及自动泊车等多种实用功能。

参 考 文 献

［1］百度百科．"电动车"词条［EB/OL］．［2019-11-10］．https：//baike.baidu.com/item/%E7%94%B5 %E5%8A%A8%E8%BD%A6/1257125？fr＝aladdin．

［2］数码之家．特斯拉的前世 Vanguard CitiCar，曾经第一、现在第二的电动汽车［EB/OL］．［2014-09-06］．http：//bbs.mydigit.cn/read.php？tid＝1002386．

［3］AutoBlog 官网．［EB/OL］．［2019-03-22］．https：//www.autoblog.com/2019/03/22/1976-citicar-ev-for-sale/．

［4］网易．GM EV-1 通用品牌历史上的第一款电动车［EB/OL］．［2018-06-11］．http：//dy.163.com/v2/article/detail/DJMQR0BF0527DTQ6.html．

［5］陈全世．先进电动汽车技术［M］．3 版．北京：化学工业出版社，2017.09：167-169

［6］百度百科．"特斯拉"词条［EB/OL］．［2019-12-10］．https：//baike.baidu.com/item/%E7%89%B9 %E6%96%AF%E6%8B%89/2984315？fr＝aladdin．

［7］搜狐汽车．【历史】特斯拉的故事［EB/OL］．［2017-07-05］．https：//www.sohu.com/a/154677025_372795．

［8］特斯拉官网．［EB/OL］．［2020-01-20］．https：//www.tesla.cn/modelx．

［9］百度百科．特斯拉（上海）有限公司［EB/OL］．［2019-10-31］．https：//baike.baidu.com/item/%E7%89%B9%E6%96%AF%E6%8B%89%EF%BC%88%E4%B8%8A%E6%B5%B7%EF%BC%89 %E6%9C%89%E9%99%90%E5%85%AC%E5%8F%B8/22583859？fr＝aladdin．

［10］陈全世．先进电动汽车技术［M］．3 版．北京：化学工业出版社，2017．

［11］旺材电动车资料合集（第五期）．［2019-12-23］

［12］中国新能源汽车网．电动汽车百年积淀 福特重启新征程［EB/OL］．［2018-04-18］．http：//www.chinanev.net/news/newscontent/id/16590．

［13］搜狐汽车．一文读懂电动汽车百年历史［EB/OL］．［2019-07-29］．http：//www.sohu.com/a/330009495_100246125．

［14］搜狐汽车．为什么法国电动汽车发展的这么好［EB/OL］．［2018-11-28］．http：//www.sohu.com/a/278331419_100303441．

［15］汽车之家．标致成立 200 周年 BB1 概念车亮相世博［EB/OL］．［2010-07-15］．https：//www.auto-home.com.cn/news/201007/127590.html．

［16］网易汽车．标致 iOn［EB/OL］．［2019-12-20］．http：//product.auto.163.com/series/18355.html#pp3001．

［17］百度百科．"雪铁龙 C-Zero"词条［EB/OL］．［2015-06-05］．https：//baike.baidu.com/item/%E9 %9B%AA%E9%93%81%E9%BE%99C-Zero/3507153？fr＝aladdin．

［18］电动车猎头网．标致雪铁龙：行业的环保先行者［EB/OL］．［2019-01-14］．http：//ev.800lie.com/news/20190114/67995.html．

［19］赵素娟．国外电动汽车发展解析［J］．绿色科技，2012

［20］THOMAS J.KNIPE．100，000-Mile Evaluation of the Toyota RAV4 EV．［M］．2008

［21］维基科普．TOYOTA RAV4 EV［EB/OL］．［2010-11-16］．https：//www.morebooks.de/store/fr/book/toyota-rav4-ev/isbn/978-613-0-89347-7．

［22］TMC 动力．动力电池之争，丰田与特斯拉新能源汽车战争再一次一触即发［EB/OL］．［2019-01-27］．https：//baijiahao.baidu.com/s？id＝1623813258663217293&wfr＝spider&for＝pc．

［23］太阳能电动汽车网．全新一代日产聆风电动车首发 续航里程升至 400 公里［EB/OL］．［2017-09-06］．https：//www.tyncar.com/xcss/2017/28921.html．

［24］58车官方百家号. 电量持续70年 浅析日产EV电动车发展史［EB/OL］.［2018-06-22］. http://baijiahao. baidu. com/s? id =1603949126112441379&wfr = spider&for = pc.

［25］中国电动车网. 电动汽车编年史——篇文章读懂电动汽车前世今生［EB/OL］.［2015-12-10］. https://news. ddc. net. cn/newsview_64881. html.

［26］中国日报网. 日产聆风电动汽车升级版Leaf e+正式揭幕［EB/OL］.［2019-01-13］. https://baijiahao. baidu. com/s? id =1622500563765028974&wfr = spider&for = pc.

［27］太阳能电动汽车网. 日产聆风LEAF纯电动汽车亮相2019深港澳车展［EB/OL］.［2019-06-01］. https://www. tyncar. com/zhanhui/2019/0601-36432. html.

［28］日产官网.［EB/OL］.［2020-01-20］. https://www. nissanusa. com/vehicles/electric-cars/leaf/features/range-charging-battery. html.

［29］宝马新闻稿.［EB/OL］.［2020-01-20］. https://www. press. bmwgroup. com/global/article/detail/T0303913EN/six-years-of-bmw-i3：-electric-vehicle-pioneers-drive-over-200-000-km-in-their-bmw-i3.

［30］宝马官网.［EB/OL］.［2020-01-20］. https://www. bmw. com. cn/zh/all-models/bmw-i/i3/2019/inform. html.

［31］百家号. 为"i"发电，宝马i4概念车揭开新能源发展新篇章［EB/OL］.［2020-03-09］. https://baijiahao. baidu. com/s? id =1660674965451696364&wfr = spider&for = pc.

［32］爱卡汽车. 在电动时代续写传奇？解读大众新e-Golf［EB/OL］.［2018-03-22］. https://baijiahao. baidu. com/s? id =1595563596090996775&wfr = spider&for = pc.

［33］大众官网.［EB/OL］.［2020-01-20］. http://www. vw. com. cn/ProBrandCarModel/CarModelDetail? ename = e%c2%b7Golf&series = %e6%9c%80%e6%96%b0e5%8f%91%e5%b8%83&source = .

［34］全球电动车网. 现代汽车发布首款纯电动车Blue On［EB/OL］.［2010-10-20］. http://www. qqddc. com/html/news/201010/news_16614. html.

［35］太平洋汽车网. 现代BlueOn［EB/OL］.［2011-11-22］. http://pic. cheshi. com/categorypic_3497. html.

［36］雷诺官网.［EB/OL］.［2020-01-20］. https://www. renault. fr/.

［37］汽车知道. 现代Kona纯电动车终于来了，外观比思域好看，综合续航高达470km［EB/OL］.［2018-02-24］. https://baijiahao. baidu. com/s? id =1593261479779391687&wfr = spider&for = pc.

［38］百家号. 宝马i4全球首发：日内瓦车展"瓦特"了，第一场直播也就这样［EB/OL］.［2020-03-03］. https://baijiahao. baidu. com/s? id =1660152765916405515&wfr = spider&for = pc.

［39］现代官网.［EB/OL］.［2020-01-20］. https://www. hyundai. com/worldwide/en/eco/kona-electric/highlights.

［40］搜狐新闻. 新能源电动汽车发展历史［EB/OL］.［2018-04-21］. https://www. sohu. com/a/229001825_100139587.

［41］比亚迪官网.［EB/OL］.［2020-01-20］. https://www. byd. com/cn/AboutByd/CompanyIntro. html.

［42］新浪汽车. 比亚迪即将打入日本汽车制造市场［EB/OL］.［2005-07-04］. http://auto. sina. com. cn/news/2005-07-04/1553125977. shtml.

［43］前瞻网. 押宝智利！比亚迪获美洲最大纯电动大巴订单100台 K9FE刷新"出海"业绩［EB/OL］.［2018-07-04］. http://dy. 163. com/v2/article/detail/DLT3ACAB051480KF. html.

［44］电车资源. 比亚迪发展历程（上篇）：7年上市，迅速扩张［EB/OL］.［2017-10-31］. http://www. evpartner. com/news/3/detail-31415. html.

［45］电车资源. 比亚迪发展历程（中篇）：三年整改，二次腾飞［EB/OL］.［2017-11-01］. http://www. evpartner. com/news/3/detail-31458. html.

［46］百度百科. "比亚迪E6"词条［EB/OL］.［2019-12-20］. https://baike. baidu. com/item/%E6%AF%94%E4%BA%9A%E8%BF%AAE6/9421345? fr = aladdin#reference-［1］-3316134-wrap.

［47］电车资源. 比亚迪发展历程（下篇）：四大梦想，多元发展［EB/OL］.［2017-11-02］. http://www. evpartner. com/news/3/detail-31498. html.

［48］百度百科."比亚迪"词条［EB/OL］.［2020-01-10］. https://baike. baidu. com/item/% E6% AF% 94% E4% BA% 9A% E8% BF% AA/7783890? fr = aladdin#reference-［1］-427696-wrap.

［49］汽车之家. 新两厢纯电动轿车 曝比亚迪 e2 动力参数［EB/OL］.［2019-04-17］. https://www. autohome. com. cn/news/201904/933782. html.

［50］比亚迪官网.［EB/OL］.［2020-01-20］. http://www. bydauto. com. cn/auto/carShow. html-param = % E5% 85% A8% E6% 96% B0% E5% 85% 83EV.

［51］比亚迪官网新闻.［EB/OL］.［2020-01-20］. https://www. byd. com/cn/news/2019-04-19/1514432961980.

［52］比亚迪官网.［EB/OL］.［2020-01-20］. http://www. bydauto. com. cn/auto/carShow. html-param = S2.

［53］吉利汽车.［EB/OL］.［2020-01-20］. https://promotion. geely. com/dhev/#page = 2.

［54］帝豪汽车.［EB/OL］.［2020-01-20］. https://dh. geely. com/dhev.

［55］几何汽车.［EB/OL］.［2020-01-20］. https://www. geometryauto. com/series/ge11.

［56］百度百科."蔚来"词条［EB/OL］.［2020-01-14］. https://baike. baidu. com/item/% E8% 94% 9A% E6% 9D% A5/22099728? fromtitle = % E8% 94% 9A% E6% 9D% A5% E6% B1% BD% E8% BD% A6&fromid = 18585288&fr = aladdin.

［57］选车网. NEXTEV TCR 车队获得 Formula E 历史上首个年度车手总冠军［EB/OL］.［2015-06-29］. http://www. chooseauto. com. cn/zixun/changshang/228259. shtml.

［58］北汽新能源.［EB/OL］.［2020-01-20］. https://www. bjev. com. cn/html/about-us. html.

［59］小鹏汽车官网.［EB/OL］.［2020-01-20］. https://www. xiaopeng. com/news? pageIndex = 22.

［60］小鹏汽车官网新闻.［EB/OL］. https://www. xiaopeng. com/news? pageIndex = 22https://baike. baidu. com/reference/18716093/e7acau7QmUfDa8tr5k6j9kfUo6SWBE2ONPDT_P7ORyxCXfkhV7XdvIwF-WoDKrz-ECPktwjzrgpOatBr6wXqrzc0Wad0-.

［61］新华网. 互联网车企小鹏汽车实现量产 携手海马汽车发力智慧出行［EB/OL］.［2017-10-12］. https://www. xiaopeng. com/news? pageIndex = 22.

［62］小鹏汽车. 小鹏 G3 中保研碰撞测试（C-IASI）获 4 项"优秀"加冕［EB/OL］.［2020-01-14］. https://www. xiaopeng. com/news/news_info/3419. html.

［63］小鹏汽车. 小鹏汽车首次携智能双雄——G3 2020 款、P7 亮相海南车［EB/OL］.［2020/01/08］. https://www. xiaopeng. com/news/news_info/3401. html.

［64］威马汽车.［EB/OL］.［2020-01-20］. https://www. wm-motor. com/plant. html.

［65］江淮汽车.［EB/OL］.［2020-01-20］. https://www. jac. com. cn/search. jspx? q = % E6% B1% 9F% E6% B7% AEiEV.

［66］柳州日报. 宝骏 E100 正式全国上市［EB/OL］.［2019-07-02］. http://szb. lznews. gov. cn/lzrb/html/2019-07/02/content_127025. htm.

［67］宝骏官网.［EB/OL］.［2020-01-20］. https://www. sgmw. com. cn/E100. html.

［68］宝骏官网.［EB/OL］.［2020-01-20］. https://www. sgmw. com. cn/E200. html.

［69］太平洋汽车网. 广汽新能源 AionS 正式上市 售 13. 98 万元起［EB/OL］.［2019-04-28］. https://www. pcauto. com. cn/qcbj/1583/15830176. html.

［70］广汽新能源官网.［EB/OL］.［2020-01-20］.

［71］奇瑞官网.［EB/OL］.［2020-01-20］. http://www. cheryev. cn/.

第 3 章

混合动力电动汽车技术发展概况

混合动力电动汽车（Hybrid Electric Vehicle，HEV）是指由两种或两种以上不同类型的动力源作为驱动能源，其中至少有一种能提供电能的汽车。常规来讲，根据动力传动系统的配置和组合方式不同，可以将混合动力电动汽车分为 3 种基本结构：串联式（Series Hybrid Electric Vehicle，SHEV）、并联式（Parallel Hybrid Electric Vehicle，PHEV）和混联式（Combined Hybrid Electric Vehicle，PSHEV）。根据 GB/T 19596—2017 中对不同类型混合动力电动汽车的定义，串联式混合动力电动汽车的驱动力只来源于电机，并联式混合动力电动汽车的驱动力由电机及发动机同时或单独供给，混联式混合动力汽车同时具有串联式和并联式的驱动方式。

混合动力并联式　　　　混合动力串联式　　　　混合动力混联式

随着新能源汽车技术的不断发展，各国的补贴政策也在不断变化，同时为了解决"里程焦虑"等问题，汽车厂商推出的混合动力电动汽车的形式也在不断变化，出现了常规混合动力电动汽车、插电式混合动力电动汽车和增程式电动汽车等。有些文献，将增程式电动汽车归类为纯电动汽车，有些文献将常规混合动力电动汽车归类为节能汽车，基于本书普及专业知识，为读者进行新能源汽车技术导航的定位，且考虑到内容呈现的结构性和完整性，将其均编入本章。

3.1 全球第一辆混合动力电动汽车

19世纪末期到1920年是电动汽车发展的一个高峰。由于当时内燃机技术还比较落后,行驶里程短,故障多,维修困难,远远不及电动汽车,因此电动汽车在这一时期被普遍认可。当时由于已经有轮毂电机专利在手,波尔舍与洛纳便开始着手设计一款可以应用轮毂电机的汽车。

1898年,名为"Lohner-Porsche"(洛纳-保时捷)的双座电动汽车得以问世。它最大的特点是两个前轮上各装有一台电动机,每个轮毂电机提供不到3hp(2kW左右)的动力输出,并采用和马车一样的造型。不过由于当时的电池能量密度低,因此该车的最高时速仅有14km/h,充足电只可行驶50km。

1900年,"Lohner-Porsche"正式在巴黎博览会上展出。虽然这台没有发动机、没有变速器、没有传动轴等特点的电动汽车吸引了全世界的目光,但1.678t的铅酸蓄电池也限制了它的性能。而在那个年代,检验汽车性能最好的办法就是参加比赛。

因此,波尔舍很快改进了设计,他在后轮上又增加了一组轮毂电机,以四个轮毂电机推动车辆前进,这也是世界上第一辆拥有四轮驱动系统的汽车,之后更以时速56km/h创下奥地利的汽车速度纪录。为了支撑整车重量,安装了由结实的橡胶环刻成的轮胎。首部新车由英国人E.W. Hart在1900年订购。

虽然这辆四轮驱动的Lohner-Porsche速度更快,但也意味着电池组的重量增加到了1.8t,行驶里程短的问题暴露无遗。为此,波尔舍又萌生了在车身上装配内燃机给电池充电(而非直接提供动力),然后以四个轮毂电机推动车辆的奇思妙想。随之这款全球第一辆混合动力新车就诞生了,并被命名为Lohner-Porsche Semper Vivus,如图3-1所示。波尔舍将两台水冷的DeDion Bouton汽油机装在车身中间,每台2.6kW的汽油机分别驱动两台发电机,并由功率1.86kW的发电机为轮毂电机提供电力,而多余的电能则流入电池组储存起来,发电机也可以反过来用作发动机的起动机。

图3-1 Lohner-Porsche Semper Vivus[1] (后有彩图)

随后,波尔舍又在1901年推出了Mixte车型。为了进一步降低整车重量,不得不减小电池重量,最终将四座整车的整备质量控制在1.2t以下,两座的在1t以下,而电池能量的减少,就必须配置更大功率的发动机,来保证续驶里程,为此波尔舍将发动机前置,并将座椅和操纵机构后移,这样便可布置一台更大的5.5L 18.6kW的戴姆勒四缸发动机,该发动机恒转速工作在高效区,并通过传动轴直接驱动发电机。与现在的串联式混合动力系统不同的是,当时混合动力系统的电能流向等控制依靠转向盘右侧的两根控制杆来实现。

换装了大排量发动机的Mixte以更快的速度刷新了多个奥地利的速度记录,并在1901

年的 Exelberg 拉力赛中一举拿下冠军。不过波尔舍对 Mixte 的改进从来没有停止，为了再次减重，他干脆将电池组减小到仅能起动发动机的水平，而不再赋予它完全电力行驶的能力，用现在的技术观点来看，这也就是调整了混合动力的"混合度"。此外，波尔舍还进一步优化了轮毂电机的性能，他将轮毂电机外壳重新设计，使车轮主销与车轮中心位置更加靠近，改善车轮的运动轨迹。此外，当时波尔舍就已经意识到簧下质量对车辆性能的重要影响，他进一步减小了轮毂电机的尺寸和减轻重量。正是这些改进，让当时的 Mixte 以更轻更快的性能出现在 1902 年的 Exelberg 拉力赛当中，并又一次轻松摘走冠军[2]。

3.2　日本混合动力电动汽车技术发展

提到混合动力电动汽车，一定离不开日本丰田公司，其发明的行星齿轮机构目前仍然是混合动力电动汽车传动系统的优秀解决方案。20 世纪 90 年代，在电池技术还不是非常完善的条件下，丰田认为纯电力驱动的汽车在当时无论硬件还是软件都不成熟，但在原有汽油发动机基础上增加电机似乎是一个好的思路，至少可以提升燃油经济性，在这样的理念推动下，丰田工程师开始着手研发这种新的车型。

3.2.1　丰田普锐斯（Prius）混合动力电动汽车技术发展

1. 第一代 Prius（1995 年）的技术特点

1992 年 1 月，丰田发布了《丰田地球环境宪章》，宣告了自己将会以混动方式来改变人类对于传统汽油发动机的依赖，解决环境问题，当时与通用汽车利用纯电力作为车辆源动力不同的是，丰田在原有汽油发动机基础上增加电机，可以更好地改善消费者现有的用车理念，并大幅度提升燃油经济性。

1993 年 9 月，丰田研发执行副总裁 Yoshirio Kimbara 发起了 G21 项目，项目目标是打造一款既对资源和环境有利，又保留了现代汽车精髓的新车型。1994 年，丰田从车身、底盘、发动机和生产技术等多个领域召集了 10 名 30 多岁的技术精英，组建了 G21 项目组，并由内山田竹志（Takehisa Yaegashi）主导，负责制造一辆将电动汽车与传统汽车完美融合的车型。在 1995 年东京车展上，丰田发布了名为 Prius 的混合动力概念车，Prius 在拉丁语中意为 prior（优先的、超前的）。Prius 概念车具备能量回收系统和发动机起停功能，低滚动阻力轮胎也有助于节油。Prius 概念车推出不久，在测试过程中出现许多技术难题，为此 G21 团队仅混合动力技术就尝试了超过 100 种方案，最终选择 ECVT（电控无级变速器）作为传动系统，汽油发动机采用了代号 1AZ-FSE 的改进型 1.5L 直列四缸自然吸气发动机。然而还有许多技术问题有待解决，如参考了新干线列车上的重型晶体管设计来解决电池和电动机的电压调节问题，将电池组的充放电阈值设置为 SOC＝40%～60% 来延长电池寿命到 7—10 年的问题，等等。经过 4 年的努力，Prius 达到量产市售标准，并于 1997 年 12 月在爱知县的丰田工厂下线，第一代丰田 Prius 代号为 NHW10，也是丰田 MC 平台下诞生的首款车型。丰田的目标是在日本本土每年销售 12000 辆。第一代 Prius 是一款三厢车型，这样可将电机和电池组更合理地布局在车内，车身尺寸为 4275mm×1695mm×1491mm，轴距 2550mm，车重 1254kg，其外形设计充分考虑了空气动力学效应[3]，如图 3-2 所示。

第一代 Prius 的发动机使用了阿特金森循环技术和 VVT-i 可变正时气门技术，电机则是

图 3-2　第一代丰田 Prius（后有彩图）

一台 288V 永磁交流电动机，其中汽油发动机最大功率 43kW，最大转矩 102N·m，电动机最大功率 29kW，最大转矩 305N·m，动力电池组为镍金属氢化物（镍氢）电池。发动机利用阿特金森循环技术的高膨胀比和智能正时可变气门系统 VVT-i 使其保持在最佳状态，减弱了摩擦损失，提升了动力性能和能源利用率。丰田将这套油电混合动力系统称之为"THS"，即 Toyota Hybrid System。

丰田 THS 混合动力技术原理

丰田的 THS 使用了一套行星齿轮结构将发动机、发电机与电动机连接在一起，如图 3-3 所示，具体来讲，发动机连接行星架只可以正转，可向行星齿轮机构输出动力；发电机 MG1 连接太阳轮，起到发电、起动发动机和调速作用，正反转均可；电动机 MG2 连接齿圈，主要用作驱动电机和动能回收时的发电机，同时也连接车轮，汽车前进正转，反之反转。整个机构的动力通过位于齿圈上的外啮合齿轮传递至减速齿轮，再输送到车轮上。THS 就是依靠行星齿轮系统太阳轮、行星架和齿圈三个部件的运动学关系和力学关系来改变系统的传动比，并优化发动机、发电机和电动机的系统效率。

初代 Prius 的配置与当时一般的日系家用轿车无异，手动空调、电动车窗、绒布座椅、定速巡航、前排安全气囊和侧气囊，包括前麦弗逊、后

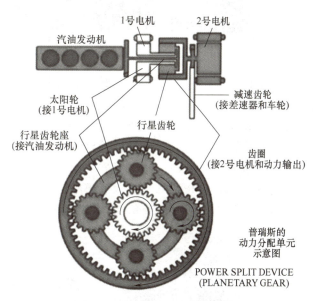

图 3-3　丰田 THS 系统原理示意图[4]

扭力梁非独立悬架也是当时日系家用车的常见悬架形式，其特别之处就是它的中置仪表设计，中控台中央 5.8 英寸显示屏能让驾驶者很直观的观察到汽油发动机、电池组和电动机的运行状况，以及采用了三厢车中少见的换挡设计，为了让前排空间更加充裕，驻车方式也采用了不太占空间的制动踏板，如图 3-4 所示。

2. 第二代 Prius（2003—2011 年）的技术特点

在第一代 Prius 的基础上，丰田选用了实用性更佳的五门掀背造型作为第二代 Prius 的造型，以增加内部空间，整车尺寸为 4450mm×1725mm×1490mm，轴距为 2700mm，车重

图 3-4　第一代丰田 Prius 内饰

1317kg，风阻系数仅为 0.26，空气动力学性能更加合理，后扰流板横贯在后车窗末端，将后窗一分为二，这种"分体式"后窗也成为第二代 Prius 外观最大的特点，如图 3-5 所示。

图 3-5　第二代丰田 Prius 外观

内饰方面，同样还是中置仪表盘，但加长了投影数字仪表盘横向尺寸，并提高了分辨率，液晶显示屏能够显示油电混合系统工况信息，还增加了一键启动、前照灯高度调节、蓝牙电话、电动调节座椅、前排安全气囊、头部气帘以及前排侧安全气囊等高级配置，驻车方式依然采用脚踩的方式，悬架类型也沿用了前麦弗逊、后扭力梁非独立式的结构，如图 3-6 所示。为了提升动力输出，丰田为第二代 Prius 配备了全电动空调压缩机，此外还使用了电动转向系统。第二代 Prius 配备了尺寸更小且重量更轻的镍氢电池组，寿命进一步得到优化，在北美市场提供 16.1 万 km 或 8 年的保修期，以提升消费者信心。

图 3-6　第二代丰田 Prius 内饰

第二代 Prius 依然出自丰田 MC 平台，共获得 530 多项专利，并且沿用了代号 1NZ-FXE 的 1.5L 四缸自然吸气发动机，最大功率 57kW，最大转矩 115N·m，500V 电动机最大功率 50kW，混合动力净功率 84kW，配备电控无级变速器，动力系统如图 3-7 所示。第二代 Prius 在不同时速和驾驶条件下分为电动机独自运转、发动机独自运转和电动机、发动机同时运转，发动机在任何工况下运转都会为电池组充电。2005 年 12 月，一汽丰田长春工厂开始投产第二代 Prius，国产后的 Prius 采用音译名称普锐斯。当汽油发动机和电动机同时运转时，其 0~100km 加速时间 9.7s，纯电动模式下加速时间在 11s 左右。

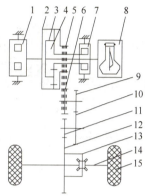

图 3-7 第二代 Prius 动力系统

1—电动机 MG2　2—行星齿轮齿圈　3—行星架　4—太阳轮　5—传动链主动轮　6—传动链从动轮　7—发电机 MG1　8—发动机　9—中间轴主动齿轮　10—中间轴从动齿轮　11—主减速器主动齿轮　12—主减速器从动齿轮　13—差速器　14—半轴　15—驱动轮

3. 第三代 Prius（2009 年至今）的技术特点

第二代 Prius 在全球超百万辆的销量使丰田对油电混合车型充满了信心，丰田启动了第三代 Prius 的研发。在 2009 年 1 月举办的北美车展上，第三代 Prius 概念车亮相，如图 3-7 所示。2009 年 5 月，代号 ZVW30 的第三代 Prius 在日本本土正式发售，5 月下旬登陆北美市场。第三代 Prius 延续了上一代车型的整体设计，更改了前照灯造型设计。变速杆回归了常规位置，更富科技感，增加了电子驻车，但需要用变速杆配合使用。悬架与上一代相同，但后轮的鼓式制动升级为盘式制动。

图 3-8 第三代丰田 Prius

第三代 Prius 搭载了代号 5ZR-FXE 的 1.8L VVT-i 四缸汽油发动机，如图 3-9 所示，最大功率 74kW，最大转矩 143N·m，650V 电动机最大功率 60kW，最大转矩 207N·m，混合动力最高输出功率 100kW，传动系统依然配备了电控无级变速器（ECVT）。第三代 Prius 采用了车顶太阳能电池板，全称为太阳能通风系统，在车内温度超过 20℃时，可用太阳能发电驱动的风扇来为车辆内部与外部换气。

第三代 Prius 研发过程中，创造了 100 多项专利技术，该车采用了电子水泵，使其成为第一款全车无须传动带传动的量产车型，新设计的逆变器、电动机和其他混动零部件的尺寸也更小巧，重量也比上一代车型轻了 20%，所以第三代 Prius 燃油经济性大幅度提升，官方理论油耗为 2.63L/100km。

图 3-9　5ZR-FXE 的 1.8L VVT-i 四缸汽油发动机

同样在 2009 年，在第三代 Prius 上市不久后，丰田基于第三代 Prius 打造了 Prius Plug-In Hybrid 概念车，并在法兰克福车展上展出。这是一款插电式混动车型，丰田打造了数百辆试验车型，以多种方式在日本、美国和欧洲等国投入使用，用于进行一系列实际道路测试工作，主要测试锂电池组的耐用性以及插电式混动系统的稳定性。当丰田认为软硬件技术已经成熟后，在 2011 年将代号 ZVW35 的 Prius PHV 插电式混动车型推向市场，该车百公里油耗进一步降至 2.2L，CO_2 的排放降至 49g/km。

2011 年 9 月，第三代普锐斯（Prius）国产事宜获批，同年 12 月 19 日，第三代普锐斯（Prius）在长春投产，2012 年 2 月，国产第三代普锐斯（Prius）正式上市，推出了标准型、豪华型、豪华先进型三款，并且在一些城市享受补贴政策[3]。

4. 第四代 Prius（2015 年至今）的技术特点[5]

2015 年 9 月，第四代 Prius 在美国内华达州的拉斯维加斯首次亮相，造型基本同前，不同的是向上挑起的腰线配合当下流行的悬浮式车顶，独特的尾灯样式与后扰流板的融合更具科技感。第四代 Prius 整车尺寸为 4540mm×1760mm×1470mm，轴距仍为 2700mm，车顶的最高点往前移动了 170mm，同时车长也增加 70mm，所以新车顶部往后延伸的弧度、坡度可以设计得更加平缓，所以车顶与尾厢转折处隐藏的小尾翼，底盘下包覆着平整的扰流板，突兀的零件和沟槽不再会扰乱气流，当 ECU 侦测到散水器不需要太多冷却空气时，进气格栅也自动关闭，减小空气阻力，最终使风阻系数下降到了 0.24，如图 3-10 所示。

第四代 Prius 基于丰田全新的 TNGA（Toyota New Global Architecture）平台打造，根据车型的不同，其车重为 1310~1460kg。除常规配置，第四代 Prius 还配备了抬头显示、自动泊车、前排座椅加热等功能，前排储物格还有无线充电装置。此外，主动安全性方面配置了 TSS（Toyota Safety Sence）系统，囊括了主动制动、碰撞预警、车道偏离预警和自适应巡航等功能。进一步提高操控性和舒适性，第四代 Prius 的后悬架已升级为双叉臂式独立悬架。混动系统结构也进行了少许调整，占用行李舱一部分空间的电池组被移到了后座下方，使得行李舱的空间更大，同时整车配重比更合理。除了以往的前置前驱布局外，第四代 Prius 首次增加了 E-Four 电动式四驱车型，然而不管是前驱还是四驱车型，其电池组都位于后座下方。

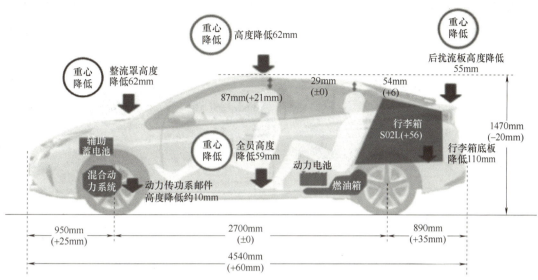

图 3-10　丰田全新的 TNGA（Toyota New Global Architecture）平台

第四代 Prius 配备了 1.8L 的 2ZR-FXE 自然吸气 VVT-i 阿特金森循环四缸发动机，压缩比为 13∶1，缸径为 80.5mm，行程为 88.3mm，如图 3-11 所示。最大输出功率为 73kW，热效率高达 40%。从理论上讲废气再循环（EGR）可以抑制燃烧温度，减少废气中氮氧化合物排放，并抑制爆燃，使汽油充分燃烧，但会削弱发动机的动力性能。2ZR-FXE 发动机为了抑制阿特金森循环高扭区间的爆燃，同时充分利用汽油燃烧热值，将废气循环的极限值提高到过去的 2.5 倍，但会导致燃烧速度减慢，降低发动机转速，为此必须通过提高滚流比（活塞运动方向的涡流强度与轴向涡流强度之比）来提高燃烧速度。丰田将新机型进气歧管至进气口的造型由弯曲变直筒，使进气后就直接形成垂直方向的涡流，同时将活塞表面的浅坑直径减小，进而将滚流比提高到原机型 3.5 倍。这样带来的问题是混合气流速过快，难以点火，为此丰田又提高了火花塞的点火能量，从 35mJ 提高到了 100mJ。另外，发动机的机械损耗也比过去降低了 14%，主要是采取了以下技术，首先是曲轴采用了摩擦系数小、外覆树脂膜的滑动轴承，减小了摩擦阻力；其次是发动机进、排气门采用的螺旋弹簧变成圆锥形，降低运动部件的机械损耗；然后活塞的滑动部分进行了平滑化处理，采用微凹坑处理的方式，可在表面用来大量存留机油的小凹陷，减小滑动部分的摩擦阻力；最后，机油也选用了低粘度类型，如图3-11所示。

a) 第四代丰田Prius   b) 底盘悬架

图3-11 第四代丰田Prius及其底盘悬架

混合动力控制逻辑只是作了微调，如发动机停机、电机驱动时，第三代最高限速为70km/h，而第四代为110km/h。驱动电机的最高总输出功率为53kW，最大转矩为163N·m，虽较第三代低，但因动力系统损耗减少了20%，且车重也减轻，故动力表现不差。为了实现TNGA平台下所有新车，发动机舱必须都能容纳一套混动系统，必须减小系统部件尺寸。对于电机来讲，定子采用整体呈梳齿状的"分段绕组"方式，与普通绕组不同，通过将分段绕组插入定子，将凸出的对侧拧结起来，可将电机重量减轻15%以上，体积减小约20%，此外运行电压从650V提高到850V，高电压低电流，可将电机热损耗降低约20%。对于变速器来讲，平行轴变速器取代了原ECVT变速器，第四代普锐斯，驱动电机的减速机构采用了平行轴齿轮，相当于把MG1、MG2并肩横向布置，使新型驱动桥的长度为362mm，比原来缩短了47mm，零件数量也减少了大约80%，且齿轮及接触面减少，系统损耗也降低。

第四代普锐斯提高了电池的输出功率和充电电流，新车E、A、A Premium配备锂离子电池，S和四轮驱动车型配备镍氢电池，锂离子电池组的重量24.5kg，而镍氢电池的电池组为40.3kg，镍氢电池体积为35.5L，比原来削减10%，如图3-12所示。两种电池均配备在后座下方。除了继电器、电池监控单元和线束的小型化外，动力控制单元PCU体积也由12.6L削减至8.2L，可和动力系统集成在前轴上方，同时冷却风扇也被安装在车身一侧，这样行李舱的空间被有效释放。

图3-12 发动机、动力耦合机构及动力电池组

3.2.2 三菱欧蓝德混合动力电动汽车技术发展

2018年3月,三菱欧蓝德并联式混合动力电动汽车(PHEV)在日内瓦车展上首度公开,如图3-13所示。该车搭载双电动机4WD(四驱)系统,由车辆运动集成控制系统S-AWC(超级全轮控制)对前轮电机和后轮的高输出电机进行控制,前轴电机最大功率60kW,后轴电机最大功率70kW。还配有能量密度极高的13.8kW·h锂离子动力电池装在车身底板下方,如图3-14所示,既可保障65km的续驶里程,又通过降低重心,保证车辆操纵稳定性。搭载的4B12 MIVEC 2.4L 自然吸气发动机具有智能可变气门正时与升程管理系统,采用专用的凸轮轮廓和气门正时控制,实现高膨胀比循环(阿特金森循环),可在低转速实现高效发电,此外先进的发动机功率控制可实现极其平稳的加速,而且通过减小发动机噪声并抑制废气辐射噪声,实现出色的静音效果,发动机最大功率为94kW/4500(r/min),最大扭矩199N·m/4500(r/min)。

欧蓝德并联式混合动力电动汽车(PHEV)可根据行驶条件自动在EV/串联/并联行驶模式之间切换,并在各种道路上实现平稳舒适的行驶,如图3-15所示。对于短距离,在大多数场景中都使用EV驾驶模式;当剩余电池电量不足时,该模式将转换为串联运行模式,此时发动机产生动力,并向电动机供电;如果电池电量充足,即使在高速公路上也可以进行EV模式驾驶;当需要动力时(如超车),起动发动机并切换至并联驾驶模式,电动机和发动机共同驱动;在下坡时,再生制动将减速时产生的能量转换为电能。

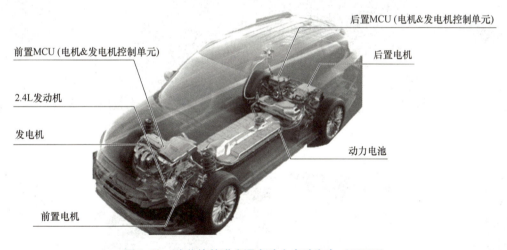

图3-13 欧蓝德并联式混合动力电动汽车(PHEV)

为了使驾乘人员及时了解混合动力的工作状态,可以在功率计屏幕查看电动机和发动机的状态,加速踏板行程越大,指针将向右偏转的幅度就越大,如图3-16所示,其中区域1表示EV输出增大,区域2表示即将起动发动机,区域3表示发动机输出,区域4表示再生制动量。

欧蓝德PHEV还在门和后挡板的开口处使用了结构胶,以增大车身的刚度并获得较高的操纵稳定性,如图3-17所示。另外通过优化前后减振器的阻尼特性,实现了舒适的乘坐感和出色的行驶稳定性[6]。

图 3-14　三菱欧蓝德的发动机和大容量动力电池

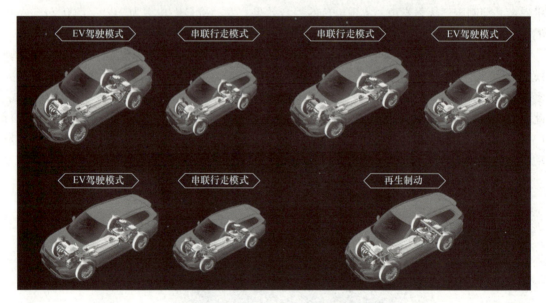

图 3-15　三菱欧蓝德 PHEV 驾驶模式（后有彩图）

图 3-16　功率计屏幕

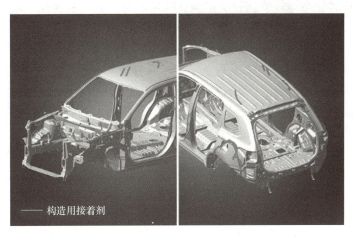

图 3-17　车身刚度

3.2.3　本田混合动力电动汽车技术发展

1997 年，本田公司开发出第一代混合动力系统 IMA（Integrated Motor Assist）。同年 12 月，搭载 IMA 系统的 Insight 混合动力电动汽车在美国上市，本田成为第一个在北美销售混合动力电动汽车的公司。2003 年，装配第二代 IMA 系统的四门小型轿车思域（Civic）投放市场，深受消费者欢迎。本田雅阁混合动力车作为装备第三代 IMA 系统的中型轿车，成为世界上较早混合动力中型轿车。到 2005 年 4 月，本田混合动力电动汽车全球销量突破了 10 万辆。2005 年 11 月，本田技研工业株式会社开始准备在广州本田、东风本田两家合资公司推出混合动力轿车，分别是雅阁和思域。本田将当时最新研制的第四代 IMA 混合动力系统应用在了 2006 款思域混合动力车上。

第四代 IMA 系统的主要部件包括一个 1.3 L iVTEC 四缸汽油机、一个高功率的超薄永磁同步电动机、一个无级变速器（CVT）和一个智能动力单元（Intelligent Power Unit，IPU）。IPU 由一个动力控制单元（Power Control Unit，PCU）、一组高性能镍氢电池和一个制冷单元组成。汽油机和电动机布置在车的前部，智能动力单元布置在车的后部，具体结构如图 3-18 所示，搭载第四代 IMA 的 Civic 2006 与 Civic 2005 相比，主要部件选型未变，但通过采用新技术对发动机、电机和控制系统进行了改进，在减小部件空间的同时增大了系统的动力性，使燃油和排放也得到了很大提高[7]。

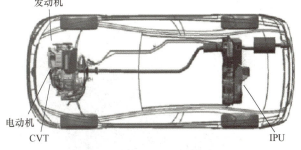

图 3-18　主要部件布置图

IMA 系统分为几种工况，分别是起动加速工况，发动机以低速配气正时状态运转，同时为电机提供辅助能量；急加速工况，发动机以高速配气正时状态运转，此时电池会提供额外的电能给电机与发动机共同驱动车辆，改善整车的加速性能；低速巡航工况，发动机的四个气缸阀门全部关闭，燃烧停止，车辆以纯电动状态驱动车辆；一般加速或高速巡航工况，发动机以低速配气正时状态运转单独驱动车辆；减速工况，发动机关闭，电动机作为发电机，再生发电；停车工况，发动机自动关闭，减少燃料损失和排放。

2006 款 Civic 混合动力采用 1.3L 发动机，对 2005 款 1.3L iDSI（智能化双火花塞顺序点火技术）发动机进行了改进。主要采用了 iVTEC（智能可变气门配气相位和气门升程电子控制技术）和 iDSI 以及 VCM（可变气缸管理技术），实现了超低油耗。此外新系统提供了低速、高速及间歇三种模式的配气正时状态，通过四个气缸全部间歇，可以提高减速时的能量回收效率，是当时最为先进的气门控制技术。

IMA 电机是一个 3 相超薄永磁同步电动机，安装在发动机和 CVT 之间，最大能够提供 15kW 的功率和 139N·m 的辅助力矩。电动机提供辅助动力给发动机或在低速行驶状态下提供动力，也作为发电机在减速和制动时回收动能给电池充电，由于电机的辅助，使整车的动力性和经济性得到了很大的提高。

IMA 混合动力系统采用了当时最新研制的高效镍氢电池，比上一代提升了 30% 的储电能力，电池电压由 144V 升到 158V，为了保证冷却性、减振性和可靠性，专门设计了紧凑的电池箱，同时采用了全新的松下双模包装，不但重量减轻，体积也下降了 12%，而且增加了电流效率。

在 2012 年年底，本田技研工业发布了运用在不同车型上的三套混动系统。单电机结构的 SPORT HYBRID iDCD（智能双离合驱动）系统，用于小型车，如日版的飞度 Hybrid 等；双电机结构的 SPORT HYBRID iMMD（Intelligent Multi Mode Drive 智能化多模式驱动）系统，用于中型车，如广本雅阁混动及东本 CR-V 混动；三电机的 SPORT HYBRID SH-AWD（运动型混合动力超级四轮驱动力自由控制）系统，用于大型车和高性能车，如讴歌新一代 NSX 等[8]。以下主要对 SPORT HYBRID iMMD 系统进行略述，详细内容可参见相关技术类书籍。

iMMD 系统可根据行车条件切换三种驱动模式：EV 驱动、混合驱动和发动机驱动，可以提高 39% 的燃油效率，图 3-19 所示为 iMMD 系统的主要组件。

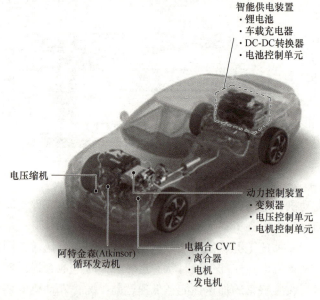

图 3-19　iMMD 总体系统的主要组件　　　　　　　　**本田 iMMD 混合动力技术原理**

电耦合CVT：包含两个电机（电动机和发电机）和一个离合器，内置在变速器壳体中，与专为HEV开发的阿特金森循环发动机一起布置在发动机舱，电动机可实现124kW的高输出和最大96%的高效率。

电力控制单元（PCU）：包含一个提升锂离子电池电压的电压控制单元，一个用于控制电动机和发电机的电机控制单元，以及一个位于电耦合CVT上方的变频器。

智能供电装置（IPU）：位于后座椅后方，包含一个锂离子电池、一个DC-DC转换器和一个控制锂离子电池和DC-DC转换器的电池控制单元。插电式混合动力车辆还配备了专用的大容量锂离子电池和高输出车载充电器，可以在EV驾驶模式下实现至少16km的市内行驶。

2.0L直列四缸阿特金森循环发动机：采用VTEC、VTC和EGR，并且减少了摩擦，与常规2.0L发动机相比，可实现105kW的高输出，提高10%的效率。

本田SPORT HYBRID iMMD系统有三种驱动模式，可根据驱动条件选择合适的驱动模式，来提高系统效率，如图3-20所示。

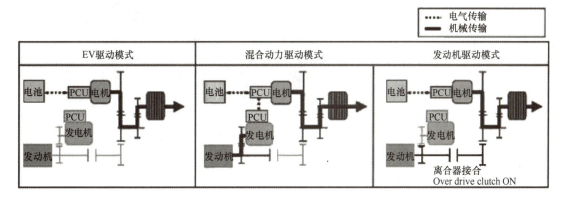

图3-20　SPORT HYBRID iMMD运行模式

第一种模式为EV驱动模式。车辆通过电动机使用存储在锂电池中的电力来驱动。

第二种模式为混合动力驱动模式。发动机动力通过发电机转换为电力，并且车辆通过使用该电力的电动机驱动，也被称作串联混合动力，当发电机产生的电力比电动机消耗的电力小时，将通过锂电池放电来补偿，反之，多余的电力充入电池。

第三种模式为发动机驱动模式。发动机和车轴使用离合器在固定传动比时进行耦合，并且车轮直接由发动机进行驱动，也被称作并联混合动力，此时，电机执行辅助和充电功能，即锂电池可处于放电或者充电状态。

在2014年第九代雅阁使用了全新的iMMD双电机混动系统，2016年本田推出了第9代雅阁中期改款，还搭载了第二代的iMMD混合动力系统，2017年本田推出了第十代雅阁，混合动力版本在美国一并发布，并搭载的是第三代iMMD技术。第三代iMMD系统和第二代系统在结构及原理上没有变化，只是第三代的2.0L阿特金森循环发动机性能得到优化，热效率达到了40.6%，高于上一代的38.9%，并且动力单元（IPU）体积比上一代减小了32%，此外还使用了本田开发的不含重稀土的磁铁电机，如图3-21所示为第二代和第三代iMMD混合动力系统发动机结构的对比[10]。

图 3-21 本田第二代和第三代 iMMD 混合动力系统发动机结构

在 2017 年 9 月，本田全新 CRV 锐·混动正式亮相，如图 3-22 所示，该车搭载了本田最新的 iMMD 双电机混合动力系统。驱动电机最大功率 135kW，最大转矩 315N·m，发动机最大功率 107kW，整套 iMMD 混动系统的综合功率能达到 158kW。在不同的车况下，它有三种驱动模式，并且能平顺智能切换，百公里综合工况油耗降低至 4.8L，实现了超强动力和超低排放的完美结合[11]。

图 3-22 本田新款 CRV 锐·混动[8]（后有彩图）

3.3 德国混合动力电动汽车技术发展

3.3.1 宝马混合动力电动汽车技术发展

2017 年初，宝马发布了其最新一代的宝马 5 系，随后，在 2017 年 3 月又发布了 5 系插电式混合动力版——宝马 530e iPerformance，该车是一款运动型轿车，可提高优秀的动态驾驶体验，如图 3-23 所示。该车开拓性地将 BMW eDrive 技术与宝马 TwinPower Turbo 汽油发动机配合起来，可创造出经济性高、功能强大的插电式混合动力驱动系统，实现与新宝马 5 系动态、流畅和高效的个性特征完美契合。宝马 530e iPerformance 是 iPerformance 车型组合的第六个成员[12]。

宝马 5 系插电式混合动力有四种驾驶模式以及 3 种混合动力驱动模式，通过控制台上的驾驶模式选

图 3-23 宝马 530e（后有彩图）

择器以及 eDrive 操作按钮即可轻松切换。

AUTO eDrive 模式：在该模式下，智能的能量管理系统确保发动机和电动机协调工作，以实现能源利用率和动态行驶性能的综合优化，通常汽车在低速和中速时优先以纯电动模式行驶，实现节能减排效果，发动机只有在车速大于 140km/h 或者车辆需要提供更大的动力时才起动。

MAX eDrive 模式：如按下 eDrive 按钮，则进入该模式，此时，车辆仅由电动机驱动，最高车速为 140km/h。

BATTERY CONTROL 模式：在该模式下，驾驶人可手动设定蓄电池在行驶过程中的 SOC 值。若目前 SOC 高于设定值，则电力可被消耗至该值并维持，反之，则发动机起动驱动车辆，并为蓄电池充电，直到蓄电池 SOC 达到目标值并维持。

eBoost 功能可使车辆具有强劲的爆发力，宝马 5 系插电式混合动力 0～100km/h 仅需 6.9s。宝马 530e 的能源管理系统，确保了动态行驶性能和高效燃油经济性能的平衡，从而优化了能源利用效率，车辆后桥配备的空气悬架能实现舒适的驾驶体验，动态减振控制系统可在行驶中不断调整悬架软硬、高低，来适应不同路况，自适应模式可以连续调整动态减振控制系统、转向操作和 Steptronic8 速手自一体变速器，使车辆适应不同路况的驾驶环境，如图 3-24 所示。BMW 5 系插电式混合动力所搭载的动力系统最大输出功率为 185kW，转矩为 420N·m。当车辆以电动模式起步时，电动机马上可达到峰值转矩，发动机为荣获"沃德十佳"的 B 系列发动机。

图 3-24　BMW 5 系插电式混合动力底盘

除了以上动力系统外，宝马 5 系插电式混合动力也配置了大量的其他科技，如其搭载的 Apple CarPlay 支持与 iPhone 手机无线连接，可通过车辆的用户界面和自然语音控制系统，显示和操作智能手机；访问宝马 Connected 等智能手机应用程序，可轻松获得旅程咨询和紧急救援协助等服务；2.2in 的液晶智能触控钥匙，可显示车况、使用燃油/纯电可达里程等信息；驾驶人还可通过宝马车载导航系统、宝马云端互联 APP、即时充电微信公众号准确地查找到充电桩的地址和实时使用状态，导航到空闲充电点，也可通过即时充电身份验证工具，如即时充电卡、手机 APP 等，启动充电并完成支付；驾驶人还可通过设定出发时间并开启车内温度预调节系统，此外，也可在兼容的智能手机上使用宝马互联驾驶应用对车载空调进行预置。

搭载无线充电技术的宝马 5 系插电式混动特别版实现了即时出行服务，驾驶人仅需按照车辆中控屏幕的引导将车辆停至地面充电模块的上方，关闭车辆起停按钮，即可通过电磁无线感应为车辆自动充电[13]，如图3-25所示。宝马集团目前正在与其他汽车制造商合作，建立覆盖整个欧洲的快速充电网络，为电动汽车提供高达350kW的充电功率。到2020年，将有400个充电站。此外，最初由宝马I推出的ChargeNow服务，现在可访问32个国家/地区的130000多个充电站，成为同类最大的全球充电网络[14]。

图3-25 无线电充电技术

无线充电

3.3.2 奔驰混合动力电动汽车技术发展

在全球节能减排浪潮下，奔驰为新款E260L/E350L车型装备了1.5T/2.0T发动机，并搭载了EQ Boost 48V轻混系统，如图3-26所示。该系统于W222 S级中期改款中首发，带有一体式发电机/起动机、一个容量为1kW·h的48V锂离子蓄电池以及交/直流转换器，主要给电动空调压缩机、电动水泵、集成式发电机/电动机，电动涡轮增压器、电子风扇等供电。E260L采用了BSG电机（带传动式发电机/起动机一体），而E350L采用了ISG电机（集成式发电机/电动机一体），无论哪一种都是用来取代传统发电机+电动机的分体结构，使发动机结构更为紧凑。

图3-26 奔驰E350L及48V轻混系统[15]

奔驰E350L采用的ISG电机布置在变速器与发动机之间，其主要功能是辅助发动机输出动力，其瞬间功率可增加10~15kW，最大可提供16kW和250N·m的加速转矩，制动时可回收80%制动能量，并为蓄电池充电。由于48V混动系统可使大量设备采用电机直接驱动，因此可降低发动机的带传动机械损失，进而提升10%~20%的轮上功率，同时油耗也相应下降约10%~20%。此外，48V轻混系统还可以避免废气涡轮未产生足够进气正压时，发动机动力不足的问题，而且BSG/ISG电机的电压更高，在起动发动机时，更加平稳和快速。48V轻混系统还可以通过调节发动机的转速和负荷，使发动机大部分工况位于经济区间，或者在汽车下坡或平缓匀速行驶时，若锂电池电量充足，则发动机可断开与BSG/ISG和变速器的连接,并自行熄灭,从而进一步降低汽车燃油消耗。当需要发动机起动时,BSG/ISG 又可将发动机带到相应转速,因此带有 BSG/ISG 一体式发电机/电动机的 48V 混合动力系统也被称为微型混合动力系统。鉴于 48V 轻混系统的节油效果,很多车型都采用了该项技术,如德国奔驰、宝马、大众、奥迪、保时捷五大汽车品牌,并在 2011 年就发布了 48V 技术规范 LV148。

3.3.3 保时捷混合动力电动汽车技术发展

在 2010 年日内瓦车展上,保时捷发布了一款以 918 为代号的概念车,并将其命名为 918 Spyder,该车采用了保时捷最新研制的插电式混合动力系统,如图 3-27 所示。918 Spyder 具有 GT3 的跑车外观,并搭载了卡宴(Cayenne)用的 3.4L V8 发动机,最大功率为 373kW,最高转速为 9200r/min,与赛车 RS Spyder 同级。该车的混合动力系统被安排在了前轴,可输出 162kW 的动力,这样可使 0~100km/h 加速时间为 2.8s,最高时速为 320km/h,曾在纽博格林北环赛道(Nurburgring)跑出少于 7 分 30 秒的成绩,比保时捷 Carrera GT 还要快。

图 3-27 保时捷 918 Spyder 混动版
(后有彩图)

918 Spyder 百公里油耗只有 3L,CO_2 排放量更是低到了每百公里仅仅 70g。动力电池系统采用了液体冷却技术,并安装在乘员座椅的后面。该插电式 918 Spyder 可用普通的家庭用电来完成充电。为了避免高温对车底的电池组的潜在影响,排气管被安置于引擎顶端,同时镂空的网眼发动机舱盖更有利于散热,宽大的扩散器把底部气流抽出,负压增加了底盘的抓地能力。类似于 F1 的 KERS 系统,制动能量回收系统,也提高了该车的能量利用效率,此外整个车体采用了碳纤维单体横造技术,整车重量只有 1490kg,轻量化的车身也降低了能耗[16]。

3.4 美国雪佛兰 Volt 增程式混合动力电动汽车技术发展

雪佛兰(Chevrolet)是美国通用汽车公司(General Motors,GM)旗下的一个汽车品牌,1911 年 11 月 3 日创立,创始人为威廉·杜兰特(William C·Durant)和路易斯·雪佛兰(Louis Chevrolet)。雪佛兰也被称为 Chevy,1918 年被通用汽车并购,现在为通用汽车公司旗下最为国际化和大众化的品牌[17]。

2007 年 1 月,在底特律举办的北美国际汽车展上,雪佛兰 Volt 电动概念车揭开面纱,其是一款全能的环保概念车[17,18]。2011 年 5 月 18~21 日,在日本横滨举办的"2011 人与车技术展"上,美国通用汽车公司首次亮相一款增程式电动车 E-REV(Extended Range Electric Vehicle),车名为雪佛兰沃蓝达(Chevrolet Volt)[19]。沃蓝达的底盘结构与普通车不同,前部除了发动机之外还加入了电动机、发电机单元,在中部与尾部放置了一个 T 字形的电池,而前悬架为麦弗逊式独立悬架,后悬架为扭力梁式半独立悬架,如图 3-28 所示。

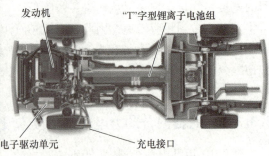

图 3-28　雪佛兰 Volt 车身与底盘结构[20]（后有彩图）

在动力系统方面，沃蓝达由一台 1.4L 的阿特金森发动机、一台发电机（可转换成电动机）、一台电动机三个单元组成，如图 3-29 所示。其中它们通过一组行星齿轮组与三个电控离合器连接，其中发动机通过离合器 C3 连接发电机，发电机通过离合器 C2 连接行星齿轮外齿圈，而电动机是刚性连接在行星齿轮的太阳轮，其中离合器 C1 并不连接任何单元，用途是锁止行星齿轮的外齿圈，而行星齿轮组中的行星架刚性连接着输出轴，传动比例为 7∶1。通过离合器的控制可以完成四种驱动模式的转换，这四种工作模式在纯电动与纯燃油模式各有两种，它们分别为：纯电动低速单一电动机行驶模式、纯电动高速双电动机行驶模式、纯燃油低速单一电动机行驶模式和纯燃油高速双电动机行驶模式。

图 3-29　雪佛兰 Volt 动力系统

3.5　韩国现代混合动力电动汽车技术发展

3.5.1　索纳塔（Sonata）混合动力电动汽车技术发展

现代汽车成立于 1947 年，为韩国汽车品牌，索纳塔车型经过了很多款的改型换代。第一代索纳塔诞生于 1985 年底，其外形方正，借鉴了当时的皇冠和公爵的设计；1988 年，第二代索纳塔正式上市，搭载多款来自三菱的发动机，在 1990 年北京亚运会期间，现代还向中国捐赠了少量的第二代索纳塔,亚运会结束之后,这批索纳塔被用作公务车和出租车;第三代索纳塔(1993—1998年)进军并奠定了其在全球的市场地位;第四代索纳塔(1998—2000年)风格偏向德系,使用自主发动机;第五代索纳塔(2001—2004年)经过大改款后,首次在中国生产;2002年10月18日北京现代汽车有限公司挂牌成立,成为中国加入WTO后的第一个汽车生产领域中外合资项目;2004年8月,第六代索纳塔在韩国正式推出,欧洲市场于次年1月份上市;第七代索纳塔(2008—2010年)最大的变化就是外观和内饰,其他方面基本同上一代;第八代索纳塔风靡全球,最早在韩国上市,做了较大改进,可以说是继第五代之后,最成功的一代;2011年2月在北美,现代发售了第八代索纳塔的混动版本,外观和内饰与普通版基本一致,动力系统搭载了2.4L发动机和30kW的电动机,城市平均油耗为6.4L/100km;2014年,进口现代引进了第八代索纳塔的混动版本,与美版不同的是,进口版索纳塔为2.0L发动机,联合电动机最大输出功率为112kW,最大扭矩为205N·m,匹配的也是6速自动变速器;2014年纽约车展上,现代汽车全球首发了第九代索纳塔,沿用了"流体雕塑2.0"设计语言,2015年北美车展上,现代发布了旗下首款插电式混合动力车型——索纳塔PHEV(Plug-in Hybrid Electric Vehicle),如图3-30所示。在动力系统方面,这款插电式索纳塔混合动力版本由2.0L发动机和50kW的电动机组成,电池组能量达到9.8kW·h,纯电模式下续驶里程约为35km,传动部分匹配6速自动变速器,此外该车使用240V电源仅需2.5h便可完成充电,120V则需要5h[20]。

图3-30 索纳塔PHEV(后有彩图)

全新索纳塔插电混动于2018年8月7日正式上市。其外观延续了常规索纳塔的设计,隐藏式的排气管与车尾的Plug-in标识与汽油版不同。在动力方面,全新索纳塔插电混动搭载了一套由发动机、HSG电机、离合器、驱动电机和变速器等五大核心部件组成的TMED系统,该系统曾获得"沃德十佳发动机"称号,如图3-31所示,其中2.0L缸内直喷发动

图3-31 索纳塔插电混合电动汽车动力系统

插电式混合动力电动
汽车的工作原理

机最大功率115kW，最大转矩189N·m；驱动电机最大功率50kW，最大转矩205N·m，匹配6速手自一体变速器，可实现纯电驱动、发动机直驱、并联驱动多种模式。电池能量达到了12.9kW·h，通过HPCU一体式控制模块的智能控制，纯电动续驶里程达到了75km[22]。

3.5.2 现代领动插电混合动力电动汽车技术发展

现代领动并联式混合动力电动汽车于2019年8月正式上市，该车基于燃油版领动打造，设计上延续了燃油车风格，但是发动机右侧空气滤清器和辅助小电池改为了与电驱动系统相关的部件，而空气滤清器改在了发动机进气道的上方。该车的动力总成部分由一台1.6L阿特金森循环自然吸气发动机、一台驱动电机和一套6速双离合变速器组成，如图3-32所示。

图3-32　现代领动并联式混合动力电动汽车发动机舱及动力总成

此外，该车还配备了220V交流充电口，位于左前翼子板处，在车辆解锁状态下，按压充电口盖板的右侧即可将其打开，如图3-33所示。

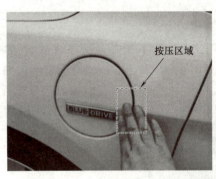

图3-33　领动并联式混合动力电动汽车交流充电口

官方公布其动力电池的能量为12.95kW·h，安放在行李舱底板下方，如图3-34所示，使用功率为2.8kW以上的交流充电桩，充满电需4.75h。该动力电池为锂离子电池，温控系统采用了风冷的散热形式。在NEDC工况下的纯电续驶里程为85km，混合动力电动汽车模式下的续驶里程为925km，实现1.0L/100km的超低油耗。

该车变速杆的设计属于传统类型，且在行驶中若将变速杆拨入手动模式，车辆将进入运动模式（默认D档为经济模式），动力输出相对更加强劲。变速杆的右侧有纯电模式与混动模式的切换按键，当动力电池电量较低时，车辆强制保持混动模式工作，如图 3-35 所示。此外，领动插电混动还应用了智能驾驶辅助系统（ADAS），如 FCA 前碰撞预警制动系统、盲区监测系统（BSD）、车道保持辅助系统（LKA）[23]。

图 3-34　领动并联式混合动力电动汽车动力电池

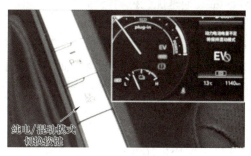

图 3-35　领动并联式混合动力电动汽车动力模式

3.6　中国混合动力电动汽车技术发展

3.6.1　比亚迪混合动力电动汽车技术发展

2008 年比亚迪发布了混动车型 F3DM，如图 3-36 所示，2009 年 F3DM 获年度最佳环保节能和中国节能行业杰出贡献奖。F3DM 低碳版双模电动汽车于 2010 年 3 月 29 日上市，车辆可以在纯电动（EV）和混合动力（HEV）这两种模式之间自由切换，纯电模式实现了零排放，混合模式的排放也远低于当时的欧Ⅳ标准。

在动力方面，比亚迪 F3DM 双模电动汽车搭载了 BYD371QA 全铝发动机，功率为 50kW，配合 75kW 的电机，整车输出功率达到 125kW。在纯电动模式下，该车 100km 的续驶里程在当时也是非常杰出的，最高时速为 150km/h。此外，F3DM 双模电动汽车使用了铁电池，原材料广泛、无污染、可回收，其耐热性、抗压性都通过国家测试，2000 次循环充电后容量还有 80% 以上，实际可使用 4000 次。

图 3-36　比亚迪 F3DM

据介绍，F3DM 是全球第一款上市的不依赖专业充电站的双模电动车，该车在比亚迪电动汽车充电站快充 10min 可充满 50%，家用电源慢充 7h 可充满[24]。比亚迪双模 DM 系统一共经历了如下三代：

第一代是 F3DM，是最为经典的双模式 DM1 技术，一半是燃油，另一半是电动。

第二代是秦、唐、宋的 DM2，其在充分发挥纯电的特性上，继续以 P3 和 P3 + P4 的架构为基础，增大电池的续驶里程，从 50km 提升到了 80km 和 100km。

第三代 DM3 技术较 DM2 新增了高压的 BSG 电机，如图 3-37 所示，通过优化控制策略和增加 BSG 电机，使车辆油耗有了很大的改善[25]。

比亚迪 DM3 的 BSG 电机设计提升了整车的燃油经济性，DM2 用的是 12V 的起动电机，而 DM3 通过引入 P0 的高压 BSG 电机，技术上主要有以下效果：

1）提升了发电效率。原有比亚迪混动系统发动机为电池充电时，由于需要 DCT（双离合变速器）里多个档位，且发电和行车整体优化困难，所以导致效率不高，而 BSG 实现了发动机和发电机的直接耦合，根据工况，有四个充电模式来提高发电效率。

图 3-37　BSG 电机

2）提升了燃油经济性。在混动模式下，通过 BSG 可以使发动机高效区和停机时间占比提升，同时提高转矩的响应速度并减少冲击，从而提升了燃油经济性和平顺性[26]。

总之，比亚迪已在 DM 技术方面深耕 10 多年，经过两次迭代之后的第三代 DM 技术，实现了比亚迪 542 目标（5s 内破百 + 全时电 4 驱 +2L/100km），比亚迪新唐 DM 实现了"破百 4.3s + 全时电四驱 + ATS 全地形模式 + 纯电 100km + 工况油耗 1.6L"的指标。第三代 DM 系统打造了"P0 + P3 + P4 结构"，如图 3-38 所示，其中 P0 指 BSG 传动带起动发电机，实现自启停、能量回收、转矩辅助，更节能更平顺；P3 指前轴电机，增加前轴输出，加快动力响应速度；P4 指大功率后轴电机，实现"全时电四驱"。

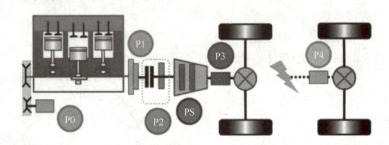

图 3-38　P0 + P3 + P4 结构[26]

基于第三代 DM 系统，新一代比亚迪唐 DM 动力系统优势明显，整车最高能够实现输出功率 441kW，总输出转矩 950N·m，相比第二代 DM 技术分别提升了 19% 和 16%[25]，如图 3-39 所示。

3.6.2　理想增程式混合动力电动汽车技术发展

2015 年 7 月，互联网行业从业者李想创立了"车和家"新能源汽车公司，后来更名为"理想"，理想智造的英文品牌名称为"LEADING IDEAL"，品牌商标"LI"为其英文名称的首字母。理想汽车于 2018 年 10 月发布其首款增程式智能电动车——理想 ONE，截至 2019

增程式混合动力的工作原理

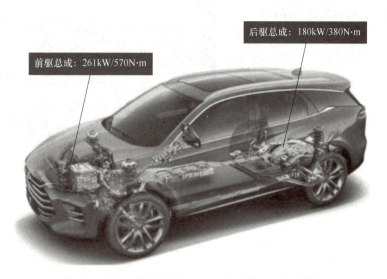

图 3-39　新一代比亚迪唐 DM 动力系统（后有彩图）

年 12 月共生产 1530 辆,交付超 1000 辆[28]。

理想 ONE 增程式电动汽车搭载增程式混合动力系统,如图 3-40 所示,它主要由 3 缸直喷 1.2T 发动机、40.5kW·h 三元锂电池、前 100kW 后 140kW 双电机和 100kW 发电机组成。该车采用的高功率增程器是由理想与德尔福、AVL 共同研发的,增程器不直接参与驱动,驱动方式是前后双电机四驱,可实现 620km 的增程电动续行。该车搭载了哈尔滨东安汽车动力股份有限公司独立自主研发的 DAM12TD 1.2T 涡轮增压 3 缸直列式发动机,只用于发电,具体配置是 DOHC、单缸 4 气门、缸内直喷、双 VVT、满足国 ⅥB 标准,额定功率为 85kW,最大功率为 96kW(5500r/min),最大转矩为 174N·m。另外,该发动机还采用了偏置曲柄机构、轻量活塞连杆、低弹力气门弹簧、超薄低张力活塞环等技术。

图 3-40　理想 ONE 增程式电动汽车（后有彩图）及动力系统布置

理想 ONE 还采用了先进的热管理系统,充分利用增程器余热提升车内的舒适性,如图 3-41 所示。

在电机方面,该车前驱电机是联合电子的永磁式驱动电机,集成了 GKN 变速器,功率为 100kW,转矩为 240N·m;后驱电机是博格华纳 eDM 电驱动桥(集成了电机和减速器),功率为 140kW,转矩为 290N·m,增速齿轮速比为 4.0;发电机是联合电子的同步电机,峰值功率为100kW，峰值转矩为100N·m。动力系统总转矩为530N·m，最高车速可达172km/h，官方的0~100km/h加速时间为6.5s；电控系统由汇川动力提供。

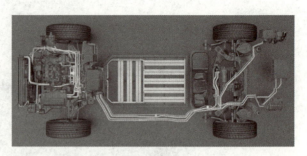

图3-41 理想ONE热管理系统[29]

在电池方面，使用了宁德时代的电芯和PACK设计，在常州溧阳宁德时代与车和家合资的电池工厂生产，采用了355V/110 Ah的CATL/NCM523三元锂电芯（水冷），电池能量为40.5kW·h，可用能量为37.2kW·h，总重量为249.5kg，能量密度为170W·h/kg，续驶里程可达180km，可满足城市零排放通行需求。动力电池采用高强度防护梁与高强度铝合金外壳组成的双重保护结构，据称即使按照美规柱碰标准，也能保障动力电池组的碰撞安全性，如图3-42所示。常规增程状态下，动力电池SOC（State of charge，荷电状态）降至70%时增程发动机起动发电。采用快充时，0.5h SOC可以达到80%，采用慢充时6h可充满。

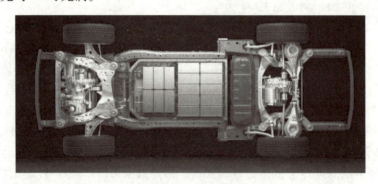

图3-42 理想ONE双重电池保护[29]

理想ONE增程式电动汽车的增程系统有4种工作模式[28]。

1）**纯电**模式。如图3-43a所示，动力电池组放电，驱动电机驱动车辆，直到动力电池SOC达到相应阈值，如纯电模式30%或增程模式70%。

2）**匀速行驶**模式。如图3-43b所示，电能由增程器通过发电机输出给驱动电机，驱动车辆行驶。

3）**急加速行驶**模式。如图3-43c所示，增程器通过发电机输出稳定功率，动力电池按

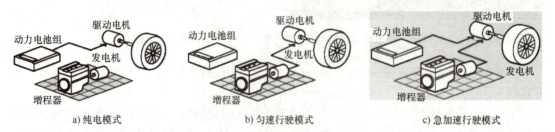

a) 纯电模式　　　　　　　b) 匀速行驶模式　　　　　　　c) 急加速行驶模式

图3-43 理想ONE增程式电动汽车工作模式

照需求功率放电，驱动电机同时得到两者的电能，以保证大功率输出转矩，驱动车辆行驶。

4）匀速补电模式。此时增程器通过发电机输出电量给驱动电机，驱动车辆行驶。与匀速行驶模式不同的是，增程器也通过发电机对动力电池进行补电。

以上简要介绍了理想ONE增程式电动汽车的4种工作模式原理，但车辆在实际行驶过程中，整车ECU需要不断对增程器、驱动电机和动力电池进行优化控制，使得系统总体的效率最优。

3.6.3 吉利混合动力电动汽车技术发展

2018年5月28日，吉利新能源战略发布会暨博瑞GE上市仪式在宁波杭州湾新区举行，共推出了轻度混合动力电动汽车（MHEV）与插电混合动力电动汽车（PHEV）两种动力共8款车型，轻度混合动力电动汽车博瑞GE（MHEV）是中国首款量产的48V BSG轻度混合动力车，如图3-44所示。作为吉利首款搭载智擎·混动的科技智混旗舰车型，博瑞GE的MHEV车型和PHEV车型均采用了吉利和沃尔沃联合研发的1.5TD+7DCT动力系统，其中1.5TD发动机最大功率132kW，最大转矩265N·m，燃烧效率高达38%[30]。

图3-44 吉利博瑞GE MHEV

吉利智擎拥有四大技术路径：混合动力技术、纯电技术、替代燃料以及氢燃料电池技术，MHEV轻混系统就是智擎混动技术的一种，整个系统由集成在发动机前端轮系上的BSG电机、DC-DC、48V锂电池模块及管理系统、能量回收系统、混动模块控制系统等组成，如图3-45所示。

图3-45 吉利博瑞GE MHEV轻混系统

吉利博瑞GE MHEV所搭载的轻混系统具有发动机起停、智能起停、智能航行、智能充电、智能制动能量回收等功能，覆盖行驶全程。在车辆怠速状态下，发动机将自动关闭，当驾驶人松开制动踏板时再次起动发动机；当车速达到52km/h或低于15km/h等车况允许条件下，发动机将智能关闭，利用电池存储能量供低压电器负载需求；当车辆处于制动或滑行时，可实现能量回收和制动能量回收，最大回收效率高达100%，全面提升节能性。研究显示，吉利博瑞GE MHEV系统节能率高达15%，百公里综合油耗仅5.8L。

除了超低油耗，吉利博瑞GE MHEV系统的加速性能也很卓越。传统内燃机的传动系统在停止后大约需要1秒才能重新起动，而MHEV系统只需要1/3秒，实现动力无缝连接。MHEV系统同时也带来了10%的动力提升，通过额外增加10kW功率和50N·m的加速助力，吉利博瑞GE百公里加速仅需8.9s。当车辆高速滑行时关闭发动机，脱开传动链，实现整车零排放行驶;当车辆处于高负荷行驶时,BSG 电机可提升车辆以高速行驶,当车辆处于制动或滑行时,MHEV 会将动能转换成电能高效储存在 48V 锂电池模块内,如图 3-46 所示为 MHEV 轻混系统不同工况下 48V 电池的工作模式[31]。

图 3-46　48V 电池的工作模式

虽然 48V 作为一种汽车节能技术路线被写进《中国制造 2025》,但后续没有更多鼓励政策出台。相比广义混合动力技术,48V 轻混系统在很多国家和地区还不被视为"混合动力技术",无法享受福利性政策和补贴。在中国因 48V 轻混系统无法进入新能源汽车目录,所以无法享受新能源汽车牌照等方面的优惠措施,导致这类技术目前仅实装在一些中高端豪华车型上来降低一定的油耗,而在中低端车型上,由于成本的增加,其并不能受到太多消费者的认可。此外,48V 轻混系统的电压升高会对电磁兼容的要求更高,也存在一定的电弧隐患,需要进行安全处理,因此虽然目前很多主机厂开始布局 48V 轻混系统的车型,但大多数车企的量产还没有启动[32]。

参 考 文 献

[1] 汽车之家. 诞生于 108 年前的保时捷混合动力车 [EB/OL]. [2018-10-22]. https://chejiahao.autohome.com.cn/info/2858036/.

[2] 百度百科. "费迪南德·保时捷"词条 [EB/OL]. [2019-11-10]. https://baike.baidu.com/item/%E8%B4%B9%E8%BF%AA%E5%8D%97%E5%BE%B7%C2%B7%E4%BF%9D%E6%97%B6%E6%8D%B7/6543310?fr=aladdin.

[3] 搜狐汽车. 丰田普锐斯混合动力发展历史 [EB/OL]. [2018-01-01]. http://www.sohu.com/a/213960615_180520.

[4] 搜狐汽车. 从 THS 到 THS-Ⅱ,丰田的混动系统是怎样独树一帜? [EB/OL]. [2019-09-16]. https://www.sohu.com/a/341265674_537801.

[5] 新车评网. 第四代普锐斯详解 [EB/OL]. [2015-10-22]. https://www.xincheping.com/cehua/68717/p5.html.

[6] 三菱汽车官网. [EB/OL]. [2020-01-20]. https://www.mitsubishi-motors.co.jp/lineup/outlander_phev/usp/performance.html.

[7] 张华. 本田第四代混合动力系统(IMA)研究 [J]. 轻型汽车技术,2006;8,26-33

[8] 电子说. 五分钟了解本田 iMMD 混动系统 [EB/OL]. [2018-07-03]. http://www.elecfans.com/d/697078.html.

[9] 搜狐汽车. 干货丨本田 iMMD 混合动力系统及其优化 [EB/OL]. [2017-03-14]. https://www.sohu.com/a/128781972_377299.

[10] 百家号. 十代雅阁搭载 本田第三代 iMMD 混动系统 [EB/OL]. [2018-07-09]. https://baijiahao.baidu.com/s?id=1605462133972304585&wfr=spider&for=pc.

［11］搜狐汽车. 2017 全新 CRV 锐·混动全面接受预定！［EB/OL］.［2017-09-17］. https://www.sohu.com/a/192591057_763948.

［12］宝马新闻稿.［EB/OL］.［2016-12-18］. https://www.press.bmwgroup.com/global/article/detail/T0266487EN/the-bmw-530e-iperformance.

［13］宝马官网.［EB/OL］.［2020-01-20］. https://www.bmw.com.cn/zh/all-models/5-series/g38-phev-2018/inform.html.

［14］宝马新闻稿.［EB/OL］.［2018-05-28］. https://www.press.bmwgroup.com/global/article/detail/T0281369EN/charging-even-easier-than-refuelling.

［15］太平洋汽车网. 奔驰 E 智能驱动 48V 轻混系统带来的优势［EB/OL］.［2019-08-02］. https://www.pcauto.com.cn/cxxj/1745/17452887.html.

［16］百度百科. "保时捷 918 Spyder" 词条［EB/OL］.［2019-11-10］. https://baike.baidu.com/item/%E4%BF%9D%E6%97%B6%E6%8D%B7918%20Spyder/10795438？fr＝aladdin.

［17］百度百科. "雪佛兰" 词条［EB/OL］.［2020-02-08］. https://baike.baidu.com/item/%E9%9B%AA%E4%BD%9B%E5%85%B0/1431058？fr＝kg_qa.

［18］百度百科. "雪佛兰 volt" 词条［EB/OL］.［2019-08-06］. https://baike.baidu.com/item/%E9%9B%AA%E4%BD%9B%E5%85%B0volt/2101630？fr＝Aladdin.

［19］新浪博客. 美国：雪佛兰沃蓝达（volt）增程式汽车驱动系统的 EV 与 E-REV 模式［EB/OL］.［2011-08-27］. http://blog.sina.com.cn/s/blog_69405ec10100svnp.html.

［20］贤集网. 2023 年在华推出 20 款新能源车型，通用的底气何在？［EB/OL］.［2018-06-08］. https://m.xianjichina.com/special/detail_335284.html.

［21］汽车之家. 现代索纳塔九代发展历史回顾［EB/OL］.［2015-03-01］. https://www.autohome.com.cn/culture/201503/863071-all.html.

［22］北京现代官网. 索纳塔插电混动［EB/OL］.［2020-01-20］. https://www.beijing-hyundai.com.cn/vehicles/allnewsonata-phev/.

［23］汽车之家. 开箱北京现代领动 PHEV［EB/OL］.［2019-11-18］. http://www.12365auto.com/xcdg/20191118/411214-all.shtml.

［24］百度百科. "比亚迪 F3DM" 词条［EB/OL］.［2019-12-30］. https://baike.baidu.com/item/%E6%AF%94%E4%BA%9A%E8%BF%AAF3DM/10731555？fr＝aladdin#7%EF%BC%89EF%BC%88https://www.d1ev.com/kol/84723.

［25］闲聊说车. 谈谈比亚迪第三代 DM 双模技术的优劣［EB/OL］.［2019-03-24］. https://baijiahao.baidu.com/s？id＝1628756627259268959&wfr＝spider&for＝pc.

［26］百家号. 你一定想了解比亚迪第三代 DM 技术在插混界的江湖地位［EB/OL］.［2018-08-22］. https://baijiahao.baidu.com/s？id＝1609462790263073467&wfr＝spider&for＝pc.

［27］搜狐汽车. 比亚迪这一代插电混动技术与之前的差异［EB/OL］.［2018-12-25］. http://www.sohu.com/a/284309617_236796.

［28］金娇荣. 理想 ONE 增程式电动汽车动力系统解析［J］. 汽车维护于修理，2020：02A，74-75

［29］理想官网.［EB/OL］.［2020-01-20］. https://www.lixiang.com/.

［30］百家号. 看完博瑞 GE 上市发布会，印象最深的这三点［EB/OL］.［2018-05-29］. https://baijiahao.baidu.com/s？id＝1601787847323776812&wfr＝spider&for＝pc.

［31］搜狐. 不仅仅是省油，深度讲解吉利博瑞 GE 的 48V 轻混系统［EB/OL］.［2018-10-09］. https://www.sohu.com/a/258425960_816349.

［32］李永钧. 48_V 轻混系统的应用与发展［J］. 汽车工程师，2018（8）：15-17.

第 4 章

燃料电池电动汽车技术发展概况

常规来讲，氢气作为车用动力有两个应用方向，一个方向是将氢用来发电，即通过氢燃料电池来为电动汽车提供动力，另一个是氢气在发动机中进行燃烧来提供动力。本章主要探讨氢燃料电池电动汽车技术发展，其也是氢气汽车的主要技术方向。与蓄电池这种只能储存有限电能的装置不同，燃料电池是一种只要持续提供反应气体，就能通过化学反应源源不断地产生电能的装置。作为燃料电池汽车的主要动力源，燃料电池使氢气与大气中的氧通过电子的得失与转移，产生电能从而驱动电动机带动汽车，这一过程除了水之外没有其他排放物产生。效率高、无噪声、零排放、燃料来源多样化，这些优点为燃料电池在汽车领域的应用提供了先决条件。

燃料电池工作原理

4.1 全球第一辆燃料电池电动汽车

1959 年,Harry Karl Ihrig 在密尔沃基(Milwaukee)开发的 Allis-Chalmers 农用拖拉机被证明是历史上第一台燃料电池车。拖拉机包含了 1008 节小型碱性燃料电池,它们提供 15kW 的功率足以使拖拉机拉动 1361kg 的重物。Allis-Chalmers 燃料电池拖拉机现在陈列在史密斯森研究所(Smithsonian Institute),如图 4-1 所示。

1966 年,通用汽车(GM)公司开发了世界上第一辆燃料电池公路车辆——Chevrolet Electrovan。该车使用 32 个串联薄电极聚合物电解质膜燃料电池,行驶里程约 193km,最高车速约 113km/h。由于成本过高,该车只生产了一辆,如图 4-2 所示。

图 4-1 Allis-Chalmers 农用拖拉机(后有彩图)

图 4-2 第一辆燃料电池公路车辆(后有彩图)

在对燃料电池公路车辆进行了为期 10 个月的测试后,发现燃料电池的耐久度、面对极端气候都有不错的表现,然后这套系统也就移植到登月探险车上,在波音、通用汽车公司和 NASA 的共同开发下,于 1971 年阿波罗 15 号计划首度奔驰在月球表面。

4.2 美国燃料电池电动汽车技术发展

4.2.1 通用汽车公司的燃料电池电动汽车技术发展

通用汽车公司在 1998 年就设立了专门机构来研发燃料电池技术,主要取得的进展有:对用于 PEMFC(质子交换膜燃料电池)的质子交换膜开发技术取得进展;已经充分掌握燃料电池电极催化剂的作用机理;在燃料电池系统的计算机模拟开发方面取得进展;燃料电池商业化、批量化目标下的系列技术取得重要进展,比如表面加工技术、生产技术、高效高性能控制的电子电路技术等[1]。

目前,通用汽车公司在美国有三个研发基地,其中密歇根州沃林主要从事燃料电池基础研究,纽约州罗切斯特基地主要从事燃料电池堆研发,加利福尼亚州的托朗斯基地主要从事电动汽车有关各种技术的开发项目。通用汽车公司在德国的梅因茨卡斯特尔基地,主要从事整车用燃料电池系统与储氢系统的研发与试验。此外,在远东地区,包括在日本东京设有燃料电池研发分部。通用汽车公司燃料电池高水平的研发人员有 500 人以上，并参与燃料电池的国际合作开发项目。以研发商品化技术为目标，分为三大领域，分别是作为能源载体的"氢能"研究，作为能力交换装置的"燃料电池"研究，作为电驱动的"电驱动系统"研究。

通用汽车公司主要在以下五大领域与世界能源界、汽车界和相关研究机关及其他行业进行战略合作：

能源行业 主要是与埃克森美孚公司（Exxon Mobil）、英国石油公司（BP）、雪佛兰（TEXACO）合作，以开发燃料电池用氢能燃料为主；

汽车制造行业 主要与丰田汽车公司在多个领域进行共同研发，并且与通用汽车公司的战略伙伴铃木汽车公司合作以开发小型车用燃料电池为研究重点；

供应商 主要是与 19 个国家，300 家以上汽车相关行业及非相关行业的供应商进行合作；

研究机构 主要与通用汽车公司燃料电池研发相关的世界各国研究机构合作；

技术研发公司 主要与由通用汽车公司投资并具有技术发展实力的相关技术研究开发公司合作。

正是在这种广泛合作的背景下，通用汽车公司于 2001—2008 年，相继推出过 HydroGen1、HydroGen3、HydroGen4、Equinox FCV 等一系列氢燃料电池车型。

1. 通用 HydroGen1 燃料电池电动汽车

2001 年，燃料电池电动汽车曾在世界各地进行实车示范性试验，如在美国亚利桑那州梅萨进行的 HydroGen1（氢动一号）燃料电池电动汽车沙漠测试中，该车经受了环境温度 35℃、沥青路面温度 65℃ 的严酷考验，完成了多项测试并打破了国际汽联燃料电池电动汽车的 11 项技术记录。以液态氢为动力的"氢动一号"燃料电池电动汽车在 24h 内连续行驶了 1386.9km（172 圈），如图 4-3 所示。

HydroGen1 燃料电池概念车是根据欧宝最畅销的紧凑型旅行车赛飞利改装而成的，其动力来自电动机，而驱动电动机的电流来源于靠纯氢工作的燃料电池，由此实现了零污染排放。凭借这一创新技术，这辆五座的燃料电池概念车成为通用汽车公司开发环保型汽车进程中的一座里程碑。2000 年，在澳大利亚悉尼举行的奥林匹克马拉松比赛中，作为开道车给世界广大公众留下了深刻印象。在美国举行的低公害车拉力赛中，通用汽车公司的 HydroGen1 是唯一能够从洛杉矶到拉斯维加斯全程行驶 350km 的燃料电池车。

2. 通用 Hy-Wire 燃料电池电动汽车

2002 年，在底特律车展上亮相的燃料电池概念车"Autonomy"以及在巴黎国际车展上亮相的兄弟车"Hy-Wire"燃料电池电动汽车，采用了滑板（Skate Board）式底盘燃料电池动力，传动系统和转向系统都采用了线控系统（By Wire），代替电子伺服液压系统，而其车身面板可以自由拼装调换，展现了通用汽车公司燃料电池电动汽车的新构造模式，如图 4-4 所示。

3. 通用 HydroGen3 燃料电池电动汽车

通用汽车公司以紧凑型微型厢式车"Opel Zafira"为原型开发的"HydroGen3"燃料电池电动汽车向商用化目标推进了一大步。它搭载由 200 个单体电池构成的燃料电池堆，额定功率为 94kW，并由 60kW 功率的三相异步电机提供驱动力。0~100km/h 加速时间为 16s 内，最高车速达到 150km/h。按照 NEDC 工况，其在消耗 4.6kg 氢燃料的情况下，续驶里程达到 400km。表明通用 HydroGen3 比通用 HydroGen1 具有很高的实用性，如图 4-5 所示。通用

HydroGen3 取消了车载蓄电池,由燃料电池系统单独作为动力源,简化了车身结构,减轻了车身重量,并降低了成本。

图 4-3　通用 HydroGen1[3] 燃料电池电动汽车（后有彩图）　　图 4-4　通用 Hy-Wire 燃料电池电动汽车[2]

通用 HydroGen3 燃料电池电动汽车的一个重要改进,就是取消了原来的电解质膜（即质子交换膜）用的外部加湿器,由燃料电池电解反应中生成的水进行内部加湿,其优点是取消了加湿器及其附属部件,简化了燃料电池系统结构,相应地减轻了车的重量。在电驱动系统方面,通用 HydroGen3 也得到了改进,实现了小型轻量化,包括电流逆变器、DC-DC 变换器、变速器与差动机构在内的驱动系统总重只有 92kg,燃料电池系统和电驱动系统组成整体结构,可以安装在欧宝 Zafira 的量产车上,因此通用 HydroGen3 已经向批量化生产的目标迈进了一大步。

此外,该车的乘坐舒适性有了很大的提高,车内设有冷暖空调,驾驶者可通过车载式自诊断系统实时掌握整个系统的状态。通用 HydroGen3 同时具有优异综合效率,在 100km/h 车速时,燃料利用率达到 40%,在当时按照 NEDC 测算的直喷式柴油机的效率为 22%,而 HydroGen3 的效率达到 36%。在排放方面,柴油轿车每行驶 1km 排出 177g CO_2,而通用 HydroGen3 几乎不排出 CO_2。这些都体现了燃料电池电动汽车的节能环保优势。

图 4-5　通用 HydroGen3 燃料电池电动汽车

除了常规燃料电池电动汽车,通用汽车公司对开发混合动力燃料电池电动汽车也很积极,并开发了并联式混合动力轿车 PRECEPT。

4. 通用雪佛兰 S-10 轻便客货两用车

通用汽车公司在燃料电池电动汽车开发试验方面获得了重大进步,但如果没有充分有效的加氢设施和加氢站,仍然会严重制约燃料电池电动汽车的应用和普及。据分析,要在世界各地建立覆盖面相当大的加氢站极其困难,加氢站的社会基础设施建设也要有一个相当长的过程。为此,通用汽车公司把氢燃料供应基础设施的建设与完善也列为重要的战略措施。

2002年5月,通用汽车公司实现了从清洁的碳氢化合物(HC)中提取氢或制取氢,即对清洁烯烃进行重整制氢,从而搭载重整器的燃料电池试验场出现,它的基型车就是"雪佛兰S-10轻型客货两用车",如图4-6所示。

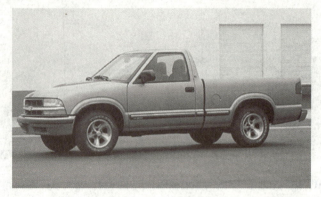

图4-6 雪佛兰S-10[4]轻型客货两用车

4.2.2 福特公司的燃料电池电动汽车技术发展

1998—2001年,福特公司、加拿大自然资源部、不列颠哥伦比亚省、技术早期应用评估协会、加拿大国家燃料电池创新研究所等企业及政府部门组织了加拿大首次燃料电池汽车与加氢系统的示范运行,称为温哥华燃料电池汽车计划(VFCVP)。该示范项目采用了4辆福特公司第三代燃料电池电动汽车,该燃料电池电动汽车车身长12m,使用了NuCellSys公司的HY80燃料电池发动机,Dynetek 350bar(1bar = 10^5Pa)压缩储氢罐被置于车顶,电机驱动系统被置于车后部,最高车速为128km/h,单次充满氢气可行驶260~320km。该车燃料电池的能量转换效率低负荷时为60%,满负荷时为40%。

福特公司最早在1998年推出了P2000燃料电池电动汽车,并加入奔驰—巴拉德—福特燃料电池车研发联盟。2002年3月27日—4月7日,福特公司在美国纽约国际汽车展上,展出了其新型高效率的零排放轿车——Focus,该车将最先进的混合动力电动汽车技术与先进的燃料电池技术进行组合,成为福特公司在燃料电池电动汽车与混合动力电动汽车开发历程中的重要里程碑,如图4-7所示。这款全新的福克斯燃料电池电动汽车(FCV)是福特公司有史以来最先进的环保型汽车,也被认为是业内第一批"混合动力燃料电池电动汽车",它不但发挥了混合动力的续驶里程及动力性优点,而且发挥了燃料电池综合效益高的特色。

2002年8月,福特公司推出第三代Focus FCV,采用油电混合双动力系统,增加了日本三洋高性能蓄电池,弥补了燃料电池本身输出动力不足的问题。采用这种技术的第三代Focus FCV在满载4名成年人的情况下,续驶里程250~320km,最高安全时速可达130km/h。

新型Focus燃料电池混合动力电动汽车参加了美国加州的CaFCP(燃料电池车国际试验共同体),并进行燃料电池电动汽车的各种性能的实证试验。福特公司在2002年制造了5辆Fucus混合动力燃料电池电动汽车,用于试验与示范运行。新型Focus燃料电池电动汽车搭载了300V的三洋蓄电池与电控电子液压式直列制动能量回收系统,该技术也被应用到2003年投放市场的Escape混合动力轿车上。此外,新型Focus燃料电池车搭载34.5MPa压力的

图 4-7　福特燃料电池 Focus（后有彩图）

高压压缩氢罐，比旧型 Focus 高 9.7MPa。新型 Focus 燃料电池车采用了数百项的新技术，在以下方面具有先进性：

1）新一代的燃料电池系统。新一代 Focus 燃料电池电动汽车的心脏，是由加拿大巴拉德公司制造的 MARK 902 燃料电池系统，燃料电池堆具有高能量密度、紧凑的结构以及高可靠性，可产生 85kW 的功率，比上一代提高了 4.1kW。

2）效率提高、续驶里程增加。Focus 燃料电池电动汽车采用弱混合动力方式，蓄电池组呈现"D"尺寸外形，搭载在后座与高压压缩氢罐之间，蓄电池主要在车辆起步和加速过程中给予辅助动力，提高车辆效率和续驶里程；此外，该车采用"Brake By Wire"线控制动技术，取消了原来制动踏板与制动器之间的一切机械连接，可对制动过程的制动力和再生制动进行最优化控制，实现制动安全前提下的最大能量回收。此外，车辆应用了镁、铝、钛等多种轻量化复合材料，以及 180kg 的锻造铝车轮等，控制了整车重量，提高了燃料经济性和续驶里程。

3）采用新型高压压缩氢罐。通过搭载新型高压氢罐，其储氢量为 4kg，约 15.2L，在氢罐内装有压力控制器，从氢罐释放的高压氢气压力约降低到 1.03MPa 后供给燃料电池系统，与旧型 Focus 燃料电池电动汽车相比，续驶里程增加 30%。

优化了整车布置。将新型 Focus 燃料电池电动汽车的蓄电池组安装在后座与高压压缩氢罐之间，而蓄电池能量变换的控制装置则位于后座中央部的座椅扶手架内，由于布置紧凑合理，保证了 4 人的乘坐空间和足够的行李舱空间。

4）可靠的安全性。安全性是 Focus 燃料电池混合动力电动汽车研制中的重要方向。Focus 燃料电池电动汽车满足美国联邦安全法规，其对乘员保护性能与基型车 Focus Sedan 一样，配置有驾驶座与副驾驶座前部安全气囊、TRC（牵引力控制系统）、ABS（防抱死制动系统）、轮胎气压监测装置和座椅安全带报警器等安全装置。此外，在氢燃料电池安全方面，通过设置各种传感器，对燃料电池堆、行李舱、车厢进行不断监测，当发现有极微氢泄漏时，立刻向驾驶人发出警告信息，若泄漏量超过限值，则整个燃料电池系统自动切换到限制车辆运行的控制模式，车辆开始停止。

在燃料电池汽车的技术示范方面，2005—2009 年，福特公司参加了由美国能源部和加拿大及欧洲的一些政府支持示范项目。共有 30 辆福特 Focus 燃料电池电动汽车参与运行，验证其可行性、性能耐久性和可靠性。基于这些数据，福特公司的更新一代燃料电池技术已经完成开发和实验室验证，新一代技术可提高燃料电池推进系统的稳固性和"冻结启动"能力。福特公司认为，氢燃料电池系统汽车还要克服燃料电池的成本和耐用性问题，与氢燃料和车载氢储存技术相关的成本和可用性问题等。

2013年1月，福特公司宣布与戴姆勒公司和日产汽车公司建立合作伙伴关系，共同开发通用的燃料电池系统，加速燃料电池技术的商业化。通过最大化设计通用性，利用产量及其产生的效率来形成规模经济，进而降低技术成本。同时，福特公司依然继续在燃料电池核心方面进行研究，如MEA（膜电极组件）和双极板等，这些是构成燃料电池组成本和耐用性的关键因素。福特公司正在开发的一种新燃料电池催化剂，可大大减少贵金属，如铂的使用。此外，福特公司还在研究以新材料为基础的车载氢储存技术，其中包括复杂的氢化物和新型氢吸附技术，这可能最终实现更高的能量密度和更低的成本[5]。

4.3 日本燃料电池电动汽车技术发展

4.3.1 丰田汽车公司的燃料电池电动汽车技术发展

20世纪90年代初期，当丰田汽车公司认识到氢气作为一种清洁能源的巨大潜力后，一直在积极开发和生产燃料电池电动汽车（FCV），他们认为氢气作为汽车能源前景光明。丰田汽车公司1992年就开始着手开发氢燃料电池汽车，甚至早于Prius的发布，经过近10年的努力，也形成了属于丰田汽车公司的系列车型FCHV。第四代FCHV的燃料电池和蓄电池并联，能够根据汽车运行状态切换动力方式，实现最佳控制，能量效率提高约3倍，并能提供与汽油车相当的动力。2002年，丰田汽车公司在日本和美国销售了世界上第一批燃料电池汽车Toyota FCHV。同时，丰田汽车公司将其混合动力汽车技术应用到燃料电池汽车的开发中。

丰田燃料电池电动汽车的结构特点

2014年11月，丰田汽车公司的燃料电池电动汽车Mirai（日语"未来"）在洛杉矶车展首次公开亮相，成为世界上第一个出现在大众市场的燃料电池电动汽车，如图4-8所示。在日本，政府和企业客户从2014年12月15日开始可以购买丰田Mirai，在美国和欧洲市场的销售计划始于2015年秋季。为此，丰田汽车公司计划生产700辆Mirai，其中400辆用于日本国内销售，200辆在美国，50～100辆在欧洲。

丰田Mirai使用TFCS（Toyota Fuel Cell System）丰田燃料电池系统，它以燃料电池技术和混合动力技术为特点，包括专有的由丰田汽车公司开发的组件，如燃料电池组、燃料电池升压转换器和高压储氢罐。该系统比内燃机更高效，并且不会排放CO_2等废气。丰田Mirai的0～96.6km/h加速时间为9s，从40km/h到64km/h仅需要3s。丰田Mirai氢燃料电池电动汽车重新注满氢气需要3～5min，续驶里程约482km，完全媲美传统燃油车，预计燃油经济性约为60MPGe（等价油耗）。此外，在紧急情况下，丰田Mirai可以作为一个大容量电源设备进行供电，它能提供约60kW·h的电力，最大直流输出功率为9kW[1]。

同时，丰田Mirai还配备了驾驶辅助和安全系统，如毫米波雷达预碰撞系统、车道偏离

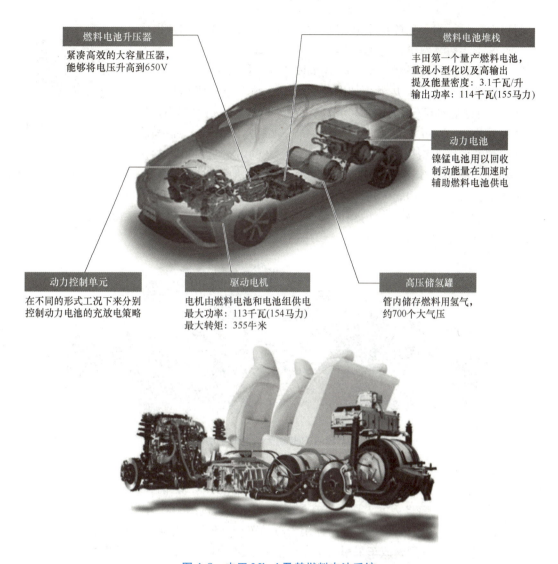

图 4-8 丰田 Mirai 及其燃料电池系统

警告系统、起动控制（在换档操作过程中，限制突然起动或突然加速）和盲点监视。

4.3.2 本田公司的燃料电池电动汽车技术发展

本田公司自 1999 年先后推出了第五代 FCX 燃料电池电动汽车。2002 年 9 月，FCX 获得美国环境保护厅（EPA）零污染车辆认定，是世界上首辆获此殊荣的燃料电池电动汽车。本田公司首创的 V 型流场电堆 Honda FC 其体积大大减小，功率密度提高了约 16%，这种燃料电池系统能够在 -30℃ 的低温下无障碍启动。本田公司于 2008 年开始生产 FCX Clarity，最大续驶里程为 372km，在日本和加利福尼亚南部的客户可以租赁该车型。2014 年，由于加氢站缺乏，本田公司宣布停止生产 FCX Clarity。2008—2014 年，本田公司在美国共出租了 45 辆 FCX Clarity。2015 年 1 月，在底特律举办的北美国际汽车展上，本田公司展示了其燃料电池电动汽车概念。2015 年 6 月 15 日，本田公司表示，该公司计划在未来推出一款主流氢燃料电池车辆、一款新的插电式混合动力汽车以及一款新的纯电动汽车，而其推出新燃料电池电动汽车计划是在2016年。

随后，本田公司对换代车型Clarity Fuel Cell（简称Clarity FC）氢燃料电池电动汽车进行了升级，如图4-9所示，新车电池组体积缩小了1/3，而电池能量密度却提高了60%，续驶里程可达到482km。该车外形尺寸为4915mm×1875mm×1480mm，轴距为2750mm，是与雅阁尺寸相仿的中级车型，车重1890kg。它所搭载的电机具备最大输出功率130kW，转矩300N·m。燃料电池堆最大输出功率103kW，功率密度为3.1kW/L，配备了锂离子二次电池。Clarity FC沿用了插电混动版雅阁的部分组件，包含DC-DC转换器、电池单元及逆变器电路板等。搭载的储氢罐容量为141L，充气压力为70MPa，使用5.0kg的氢燃料在日本JC08测试中，续驶里程达到了750km[6]。

本田燃料电池电动汽车的结构特点

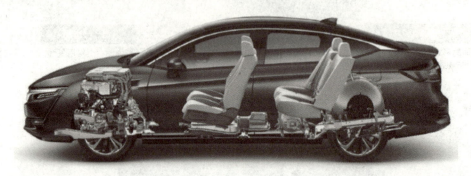

图4-9 本田Clarity Fuel Cell氢燃料电池电动汽车（后有彩图）

本田公司在2016年3月10日正式宣布，名为"Clarity Fuel Cell"的燃料电池电动汽车（FCV）正式开始以租售的形式上市，并收集用户意见和反馈。目前，在日本市场，含税售价为766万日元，约合44.3万元人民币，在海外市场的起售价约为6万美元。该车采用了本田公司全新开发的平台，这一新平台被预计用于电动车型（EV）及插电混合动力车型（PHEV）等一系列未来的环保车型，该车采用了从车头至车尾的一体化构造，提升了结构的抗冲击性和保护性。前部发动机舱位置可配置发动机、电动机以及传动系统，地板下方可以配置储氢罐或蓄电池。新结构主要强化的是底盘部分的保护性，FCV车型上配备了储氢罐、驱动用锂电池等常规动力车型所不具备的部件，因此，这些部件需要采用在冲撞中不会受到冲击的结构。

新的底盘为了提升后方碰撞的吸能效果，在车后方设置了副车架，并且采用了车身前部侧车架及副车架至车身后部侧车架及副车架直线连接的结构，大大提升了冲击发生时车辆的吸收能量和分散能量的能力。车辆中央地板下方的锂电池是利用主车架保护，而安置于后座下方和行李舱前部的储氢罐则主要通过主车架及后副车架保护。

除了结构上的强化和优化，车身材料的选择也很关键，一般来讲关键部位需使用高密度材料来保证安全和轻量化，以及控制成本。该车车身有55%的重量使用了高张力钢材和等量的铝合金材料。与同级别的常规动力雅阁相比，该车车身重量降低15%，具体材料比例为1.5GPa级高张力钢材占到10%、980MPa级约20%、780MPa级约5%，其中还有15%的铝合金和5%的包含玻璃纤维强化树脂（GFRP）的树脂材料。

4.4 德国燃料电池电动汽车技术发展

在2014年广州车展及洛杉矶车展之际,奥迪和大众品牌一共展示了三款氢燃料电池电动汽车,分别是结构创新的插电式混合动力燃料电池电动汽车奥迪A7 Sportback h-tron quattro、高尔夫Sportwagen HyMotion混合动力燃料电池电动汽车以及在展馆外面用来接送媒体记者的帕萨特Passat HyMotion。三款车都采用了大众集团自主研发的第四代100kW低温质子交换膜(PEM)技术的燃料电池堆,大众第五代燃料电池技术也在研发当中[7]。

4.4.1 奥迪A7 Sportback h-tron quattro燃料电池电动汽车

奥迪A7 Sportback h-tron quattro这款技术型概念车展示了奥迪在燃料电池、插电式混合动力、"e-quattro"电动四驱等领域的技术造诣,该车0~100km/h加速仅需7.9s,最高车速可达180km/h,满箱氢燃料续驶里程超过500 km,仅排放水[9]。

奥迪A7 Sportback h-tron quattro兼具动感和高效,它的发动机舱内布置了一个燃料电池堆,行李舱下布置了8.8kW·h的锂电池组,可通过回收制动能量充电,或者通过插电进行充电,该车前后轴各布置了一个电动机,形成了前后双电机"四驱"结构。每个电机都有85kW的功率和270N·m的峰值转矩,组合可提供170kW的功率输出。由于电机转矩输出可由变频器实现无级调节,所以乘用车无须机械变速器。奥迪A7 Sportback h-tron quattro的外观与量产版奥迪A7相同,其最核心的氢燃料电池由300多个电池单体组成,如图4-10所示。其基本工作原理是氢气被输送到电池阳极后,被分解为质子和电子,质子到达阴极后与空气中的氧气反应变成水蒸气,同时电子提供电能,整个燃料电池的电压在230~360V范围内。在燃料电池模式下,车辆仅需约1kg的氢就能行驶100km,产生的能量相当于3.7L汽油,加满大约5kg氢气时间少于3min。为了平衡整车质量,并且考虑到其他结构性因素,该车后轴之前以及车身中央通道共设计了4个储氢罐,为了保证高压下的安全,储氢罐采用铝合金外壳,并在外围包裹一层碳纤维强化塑料的保护壳,与宝马i3/i8的车身材料相同。

图4-10 奥迪A7 Sportback h-tron quattro燃料电池电动汽车(后有彩图)

奥迪A7 Sportback h-tron quattro的另一个特点是采用插电式混合动力概念,8.8kW·h的蓄电池与奥迪A3 Sportback e-tron相同,位于行李舱的下方,可为车辆额外提供约50km续驶里程,该蓄电池可用来回收制动能量,以及运动模式下提供额外的动力,当驾驶人按下EV键时,车辆只使用蓄电池驱动。全新的"e-quattro"电动四驱系统让车辆操控性更为稳定和运动。由于前后轴没有机械式的动力连接，在电压短暂增加的情况下，电机可以输出114kW功率，在两个电动机的共同作用下，车辆的最大牵引力可达540N·m。控制系统可以根据车辆的行驶状况精准调节两个传动轴的转矩分配，使e-quattro可媲美机械式的quattro四驱系统。由于燃料电池的排放为水，所以排气管不用考虑耐高温或者耐腐蚀问题，用轻量化塑料管路就可以实现，从而减小了整车的质量。

从2013年开始，奥迪就启用了一个氢气工厂，通过风能发电来电解水，产生氢气和氧气。所以，理论上氢燃料电池可做到能源可再生并且零排放。此外，加氢站的建设可以通过加油站的技术升级和改造来实现。

4.4.2　高尔夫SportWagen HyMotion燃料电池电动汽车

在2014年洛杉矶车展上，大众汽车首次展示了其具有燃料电池动力总成的高尔夫SportWagen HyMotion，如图4-11所示。该车的关键驱动组件是由德国大众汽车集团研究公司开发的，燃料电池系统的功率为100kW，还配备了高压锂离子电池，该电池可回收制动能量，有助于燃料电池的启动，并为车辆增加动力。这款车的开发基于了大众汽车开发的模块化横向矩阵（MQB），并在整个集团中使用，所以当前的Golf和新的高尔夫SportWagen HyMotion成了世界上第一个可以容纳所有可能的驱动类型的车辆模型系列。大众汽车在汽车前部集成了高尔夫SportWagen HyMotion的驱动组件，

图4-11　高尔夫SportWagen HyMotion燃料电池电动汽车（后有彩图）

电池安装在后悬架上方，而油箱则安装在车底。因此，高尔夫SportWagen HyMotion的内部提供了与该模型的所有其他版本相同的空间，实现了空间的最佳利用，这也是平台化开发带来的好处[9]。

在高尔夫SportWagen HyMotion中，电动机是从新的e-Golf改装而来的，由大众开发的电动机和同轴两级1速变速器位于发动机舱的前部，氢燃料电池堆也布置在发动机室内，如图4-12所示。

电力电子设备位于中央隧道区域，它们将直流电（DC）转换为用于驱动电动机的三相交流电（AC）。电力电子设备还集成了一个DC-DC转换器，该转换器将来自高压电池的能量转换为12V，为12V电气系统供电。高压锂离子电池安装在靠近行李舱和后悬架的位置，12V电池也安装在后面。四个碳纤维复合氢气罐中的两个紧凑地安置在后排座椅下方，另外两个紧凑地安置在行李舱地板中。氢气以70MPa的压力储存在罐中，与所有其他大众汽车一样，加氢口位于汽车后部的右侧。

4.4.3　戴姆勒燃料电池电动汽车

除了通用汽车公司和福特公司外，还值得提到的是，戴姆勒公司在20世纪末，推出了第三代燃料电池汽车车型NECAR1、NECAR2和NECAR3。1999年，戴姆勒公司又推出了纯氢燃料电池汽车NECAR4。在利用甲醇车载制氢技术的NECAR3基础上，戴姆勒公司将整个

第 4 章 燃料电池电动汽车技术发展概况

图 4-12　全新高尔夫 SportWagen HyMotion 发动机舱[10]

驱动系统（包括甲醇重整装置）压缩，置于地板下，于 2000 年推出了 NECAR5。NECAR5 搭载 NuCellSys 公司开发的燃料电池发动机，输出功率为 75kW，最高时速为 150km/h。2002 年，NECAR5 横跨美国大陆，从旧金山开到了华盛顿，经受了交通堵塞、高温和冰雪等考验，穿过高达 3000m 的山脉，创下了行程 5250km 的纪录。

4.5　中国燃料电池电动汽车技术发展

中国历来重视燃料电池电动汽车的技术研发和示范运行，国家"十五""十一五""十二五"直到今天的 863 电动汽车重大专项中都重点资助了燃料电池系统、燃料电池电动汽车的研发和示范运行，并取得了一定的科技成果，与国外发达国家的差距在缩短。

2003 年，同济大学燃料电池电动汽车研发团队在万钢教授的带领下，成功研制出中国第一辆燃料电池轿车"超越一号"，如图 4-13 所示，并开始示范运行。这是中国燃料电池电动汽车历史上的一个里程碑，该车搭载了国内自主研制的 30kW 质子交换膜燃料电池，采用高压氢气作为燃料。至 2004 年年底，在第一代车型的基础上，又相继推出了"超越二号"和"超越三号"。2008 年，超越系列的后续车型作为奥运会用车亮相在北京，圆了中国人的清洁汽车之梦。

上海汽车集团股份有限公司（简称上汽集团）、长城汽车等自主车企也在积极推进氢能与氢燃料电池的开发。据上汽集团副总裁、总工程师祖似杰介绍，中国研究燃料电池的历史可以追溯到 20 世纪 50 年代，经过几十年的锤炼，国内氢能和燃料电池的关注度再次得到空前提升，在 2019 年 3 月的政府工作报告中，首次提出要推动充电、加氢等设施建设，为国内氢燃料电池汽车的高速发展打开了窗口期。

图 4-13　超越一号[12]（后有彩图）

在国内汽车企业中，上汽荣威是最早进行氢燃料电池研究的汽车公司，该公司已经开始逐步将氢燃料技术运用到其新能源车型之中，如上汽荣威950插电混动燃料电池电动汽车。另外，长城汽车也是研究这项技术的自主品牌之一，长城汽车曾收购了上海燃料电池汽车50%以上的股权，并且在WEY品牌的发布会上，长城公司董事长魏建军明确表示，长城汽车将于2022年推出首款氢燃料电池电动汽车。

上汽集团从凤凰1号燃料电池电动汽车研发开始，已经积累了十多年经验。目前，上汽荣威950燃料电池轿车实现产销50台，主要用于租赁和UNDP（联合国开发计划署）的示范运行，累计运营里程已超过50万km；另外，上汽大通FCV80，作为国内首款应用全新准入标准燃料电池的轻型客车，已经在上海、抚顺、佛山等多个城市实现商业化运营，累计运营里程超过了210万km。未来，上汽集团将结合市场需求，陆续推出MPV轻型货车、中重型货车等燃料电池整车产品，丰富燃料电池整车产品矩阵。

2014年，在北京车展上，上汽集团发布的荣威950插电式氢燃料电池轿车，如图4-14所示。这款插电式氢燃料电池轿车最大的亮点在于其搭载有动力蓄电池和氢燃料电池双动力源系统。汽车行驶以氢燃料电池为主，动力蓄电池为辅，汽车可以利用车载的On-board蓄电池充电器，通过市网电力系统为动力蓄电池充电。在氢燃料电池方面，新车搭载有两个70MPa的氢气瓶，储氢量可达4.34kg，最大续驶里程为400km。此外，据上汽集团表示，通过优化车辆起动系统，在-20℃的环境中，汽车依旧可以正常起动与行驶。

图4-14 荣威950插电式氢燃料电池轿车及其双动力源系统[13,14]（后有彩图）

参 考 文 献

[1] 汽车之家. 商业化风口 中外氢燃料汽车竞争几何 [EB/OL]. [2019-12-29]. https://www.autohome.com.cn/news/201912/956940.html?pvareaid=3311318.

[2] 新浪汽车. 百年历史：2000-04年通用汽车发展大事记 [EB/OL]. [2005-02-25]. http://auto.sina.com.cn/news/2005-02-25/1100101283.shtml.

[3] 百度百科."氢动一号"词条 [EB/OL]. [2018-09-12]. https://baike.baidu.com/item/%E6%B0%A2E5%8A%A8%E4%B8%80%E5%8F%B7/4012635?fr=aladdin.

[4] 景丽说车. 1994款雪佛兰S-10 [EB/OL]. [2019-01-17]. https://baijiahao.baidu.com/s?id=1622871216072868936&wfr=spider&for=pc.

[5] 杨妙梁. 燃料电池车发展的艰难历程（三）——通用的研发体制与福特Focus车的研发动态 [J]. 汽车与配件, 2003：28-32.

[6] 汽车鉴闻. 本田氢燃料电池车Clarity（上）[EB/OL]. [2017-03-16]. https://baijiahao.baidu.com/s?id=1561946997739832&wfr=spider&for=pc.

［7］夏澂. 燃料电池汽车发展现状——燃料电池汽车 VS 电池电动汽车，以及各大汽车制造商的行动［J］. 新经济导刊，2015，08：44-46.

［8］太平洋汽车网. 奥迪 A7Sportback h-tron quattro 零排放［EB/OL］.［2014-12-04］. https://www.pcauto.com.cn/qcbj/557/5573182.html.

［9］AUtoBlog 官网.［EB/OL］.［2014-11-19］. https://www.autoblog.com/2014/11/19/volkswagen-hymotion-sportwagen-passat-la-2014/#slide-1481977.

［10］太平洋汽车网. 2015 上海车展：新高尔夫旅行版 HyMotion［EB/OL］.［2015-04-21］. http://news.mydrivers.com/1/418/418310.htm.

［11］搜狐汽车. 电动汽车编年史 一篇文章读懂电动汽车前世今生［EB/OL］.［2015-12-10］. http://www.sohu.com/a/47809634_114771.

［12］盖世汽车咨询. 发展氢能与燃料电池汽车，如何"叫好又叫座"［EB/OL］.［2019-09-30］. https://view.inews.qq.com/a/AUT2019093000046900.

［13］汽车之家. 2014 北京车展：荣威 950 氢燃料电池车［EB/OL］.［2014-04-20］. https://www.autohome.com.cn/news/201404/773656.html.

［14］陈全世. 先进电动汽车技术［M］. 3 版. 北京：化学工业出版社，2017.

第 5 章

氢发动机汽车技术发展概况

人类历史上第一款氢气内燃机可以追溯到 1807 年，瑞士人伊萨克·代·李瓦茨制成了单缸氢气内燃机。他将氢气充进气缸，氢气在气缸内燃烧，最终推动活塞往复运动。该项发明在 1807 年 1 月 30 日获得法国专利，这是第一个关于汽车产品的专利。但由于受当时的技术水平所限，制造和使用氢气远比使用蒸汽和汽油等资源复杂，氢气内燃机于是被蒸汽机、柴油机以及汽油机"淹没"。

氢发动机工作原理

在 19 世纪中期，人们又开始对使用氢气作为内燃机的燃料产生兴趣。1841 年英国颁发了第一个用氢气和氧气混合气体工作的内燃机专利证。1852 年，慕尼黑的官廷钟表技师制成一台用氢气-空气混合气体工作的内燃机[1]。

进入 21 世纪，汽车工业迅猛发展，然而汽油机和柴油机仍然是发动机的主要机种。汽油和柴油都是不可再生能源，为了缓解石油资源匮乏而带来的一系列负面影响以及减轻大气污染和减少汽车尾气排放量，需要寻找发动机的可替代燃料。由于氢气可再生，且热值高，燃烧排放物为水，具有无污染、零排放和储量丰富等优势，成为一种理想的绿色燃料。氢动力汽车是一种真正实现零排放的交通工具，是传统汽车最理想的替代方案。

5.1 日本马自达氢发动机汽车技术发展

作为世界上唯一的转子发动机制造商，马自达不断开发和研究这种独特的内燃机所具有的潜力和可行性。1991年，马自达开发并测试了第一辆氢动力转子发动机原型车，名为马自达 HR-X。在开发 HR-X2 的同期，马自达的设计队伍还在1993年研制出以氢动力转子发动机作为动力总成的 MX-5 敞篷跑车试验车。1995年，马自达得到当时日本运输省（交通部）批准，进行两辆以氢转子发动机为动力的 Capella Cargos 的路试。随着汽车业对氢作为燃料电池车辆潜在能源的逐渐关注，2004年，马自达充满自信地推出了氢动力技术的一个实例，这就是以氢为动力的双燃料 RENESIS，既可以以氢为燃料，又可以以汽油为燃料，如图5-1所示。RENESIS 氢转子发动机利用转子发动机的优点，不论这种双燃料发动机使用汽油燃料还是氢燃料，都能确保同样的操作方便性和可靠性。而且，由于发动机使用氢燃料只需要很小的更改，所以能生产出相对低成本的氢动力替代燃料车辆。

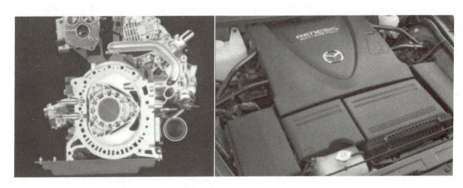

图5-1 转子发动机[6,7]

RENESIS 氢转子发动机在2004年北京汽车展上展出，采用电动氢气喷射器系统（氢以气态喷射），在吸气循环中，该系统从侧气口吸入空气，并在每个发动机的双转子壳体中使用两个氢气喷射器，直接将氢气喷入进气室，该系统具有如下特点。

直接喷射系统：由于结构上的优点，可使进气和燃烧工作室彼此分开。此外，转子发动机非常适于氢的燃烧，而且不会带来回火，不像传统的活塞式发动机。同时，由于双氢喷射器的橡胶密封件对高温敏感，所以分开的进气工作室可以保障温度的可靠性。

双氢喷射器：由于氢气的密度极低，和汽油相比，需要的喷气量要大得多，所以需要两个喷射器，而在进气室上具有足够的空间来安装。利用双氢喷射器，马自达的氢转子发动机不仅可行，而且也可以输出足够的功率。

转子发动机结构及工作原理

氢进气的出色混合：四冲程往复活塞式发动机每个冲程曲轴转过180°，而转子发动机，每个冲程曲轴转过270°，这使进气更有力，有助于氢和进入的空气充分混合，促进了均匀混合气的形成，这对于氢气的燃烧是至关重要的。

RENESIS 氢转子发动机已装到马自达 RX-8 Hydrogen RE 试验车上，并进入行驶试验，如图 5-2 所示。车辆装备高压储氢筒和汽油箱双燃料系统,既可用氢燃料又可用汽油燃料。除了采用创新性的 RENESIS 转子发动机,马自达 RX-8 Hydrogen RE 试验车还改进了空气动力学特性、优化了轮胎并采用了减重措施,使其具有超乎寻常的环保特性。

马自达 RX-8 氢转子发动机车是马自达在全球成功实现实用化的首款氢转子发动机车型。该车型完

图 5-2　马自达 RX-8 Hydrogen RE（后有彩图）

好无损地保留了氢转子发动机独有的扭力感、加速感和排气音等,是一款 CO_2 零排放,而且基本不产生 NOx 的"终极环保车",使用氢燃料时的续驶里程达到了 100km。2006 年 2 月,日本国土交通省批准了马自达 RX-8 Hydrogen RE 的租赁业务,马自达生产了一批搭载氢转子发动机的 RX-8 交付给岩谷产业、出光兴产两家公司使用。在 2009 年 4 月,马自达参加了挪威的 HyNor 计划,该计划是在挪威首都奥斯陆至西岸沿海的 Stavanger 之间打造一条 580km 长的氢气实验道路,于沿途设置氢气加气站,以利氢气动力车辆补充燃料,并交付 30 辆氢气燃料汽车进行实路测试。

5.2　德国宝马氢发动机汽车技术发展

在世界汽车工业中一直处于技术领先的德国宝马集团（BMW）,也十分重视氢内燃机技术的研发。2004 年 9 月,宝马集团在法国 Miramas 用一部名为 H2R 的氢内燃机驱动的汽车创造了 9 项速度纪录,如图 5-3 所示。H2R 的"R"意为 Race、Record 或 Research,它的表现证明氢动力汽车的性能不逊色于传统能源汽车。宝马集团董事博克哈德·格谢尔（Burkhard Goeschel）指出这 9 项纪录是进入氢时代的始点。宝马的这次成功测试是世界汽车工业史上的一次重大事件,表明宝

图 5-3　宝马 H2R Concept[3]（后有彩图）

马开发的氢发动机已经达到了可以批量生产的水平[2]。

宝马 H2R 整车长 5.40m,宽 2.00m,车身每一处细节都考虑了最佳的空气动力学特性,其风阻系数为 0.21,前部面积为 1.85m^2,车后长度为 20cm 的扰流板能够防止可能降低车速的空气涡流的产生。车身的侧面轮廓以及总长度更加有助于使宝马 H2R 在最高车速状态下的行驶稳定性。宝马 H2R 的车身外层表面使用了同一级方程式赛车一样的碳纤维强化型塑

料，进而实现了极佳强度和较低重量的最佳结合，H2R 在燃料箱满载和驾驶人就座情况下的实际总重也仅为 1560kg。

H2R 的"心脏"基本是以宝马顶级的 6L12 缸发动机为基础，对发动机管理系统和气/油混合部件进行改造而成的，区别在于氢燃料喷射阀的集成和燃烧室内材料的选择，氢燃料发动机的喷射阀直接安装在进气歧管内。这款发动机最大功率为 210kW，0～100km/h 加速时间 6s，最高车速达 302.4km/h。为了创造纪录，这台氢燃料发动机被设计为以单一模式运转，即仅以氢作为燃料，如图 5-4 所示。

图 5-4　宝马 H2R Concept 进气歧管[4]

宝马 H2R 发动机对于氢气喷射阀有特殊的要求，比如要推迟向进气歧管喷射，体积更大以增加喷射量，喷射工况复杂（系统压力变化大，点火周期变化也比较大），喷射量需要精确等。对于发动机部分负荷和满负荷工况下，其空燃比是不同的，部分负荷下利用稀薄燃烧，而满负荷空燃比等于 1。

H2R 的燃料加注可以使用手动燃料箱适配接头和移动式加氢站配合进行，封装在驾驶人座椅旁边的真空隔离双层燃料箱可以容纳超过 11kg 的液态氢。为了保证安全性，使用了三个单向阀，燃料箱上的工作阀在 0.45MPa 的压力下自行打开，其他两个附加的安全阀确保即使低温壳体内发生泄漏也不会有危险，当燃料箱内的压力超过 0.5MPa 时阀门自动打开，安全系统保证即使氢燃料箱压力过高也不会有危险。

由于氢的燃烧性质和汽油或柴油不同，正常气压下，氢燃烧得更快，但是比汽油燃烧时温度要低一些，因此宝马 H2R 发动机管理系统经过了特殊改进，将点火过程推迟到活塞到达上止点时才开始，进而确保最大的动力和输出功率。另外，氢/空气混合气的燃烧压力更高，即等量的能源可产生更大的动力，这也是氢动力的优势。宝马的工程师们还开发出了一种特殊的混合气循环和燃料喷射策略，来避免任何点火不良现象的发生，比如宝马使用了 VANOS 无级可调式凸轮轴控制装置，来对残余混合气的比例进行监视和调节；使用 VALVETRONIC 电子气门管理系统，用来精准地控制气门，这两项技术在宝马常规发动机中也得到了广泛应用。此外，为了针对氢气发动机的特点，对气门阀片弹簧进行了改进[5]，如图 5-5 所示。

图 5-5　宝马 H2R 的设计与试验

5.3 美国福特氢发动机汽车技术发展

福特汽车在 2001 年发布了第一款氢内燃机演示车,采用轻质铝车身,这一车身也用于氢燃料电池技术的开发。在 2006 北美国际汽车展览会上,福特汽车推出了福特 F-250 Super Chief Concept(超级首领概念车),展示了可使用氢、E-86 乙醇或汽油作为燃料的三重灵活燃料技术,如图 5-6 所示。

图 5-6　福特 F-250 Super Chief 概念车(后有彩图)及 V-10 发动机

作为全球第一辆三燃料(Tri-Fiex)汽车,福特 F-250 Super Chief 概念车将福特在皮卡领域的领先地位提升到了一个新的水平,它搭载了增压式 V-10 发动机。一次加满氢,E86 乙醇或汽油后,续驶里程长达 805km,燃油经济性提高了 12%[9]。

2006 年 7 月 17 日,福特氢燃料 V-10 发动机正式在美国密歇根州迪尔伯恩海茨投产,使福特汽车公司成为世界首个正式生产氢燃料发动机的汽车制造商。这款增压式 6.8L V-10 发动机将作为福特 E-450 氢燃料巴士的动力装置,在使氢成为切实可行的发动机燃料的征程中,迈出了重要的一步,如图 5-7 所示。

这款发动机也成为福特汽车在氢技术研究进程中的一个重要里程碑。氢内燃机穿梭巴士可以提供宝贵的实际使用经验,同时,福特汽车也在进行下一代氢内燃机的研究,包括采用直接喷射技术,以提高功率和燃料经济性等。

氢燃料内燃机有许多优点,包括效率高,全天候能力,以及对受控污染物和温室气体(CO_2)的近乎零排放等,而且还易于混合以进一步提高燃料效率。

图 5-7　福特 E-450 型氢燃料巴士[8](后有彩图)

福特汽车的 6.8L V-10 氢内燃机虽然专门以氢作为燃料,并依托福特汽车产品所用的模块化发动机系列为基础,但并不意味着其仅仅是一个福特发动机的改型,为了实现最高效率和强劲的耐久性,福特汽车对这款氢燃料发动机进行了大量的优化工作,比如在投产前,福特汽车还在测功机上对发动机进行了 7000h 以上的开发和试验,以确保汽车交付客户时拥有最佳的耐久性和安全性能;开发过程也采用了与其他福特发动机同样严格的耐久性标准；发动机中也使用了特殊的部件包括：气阀和气阀座——采用特殊硬化的材料以补偿氢相对汽油或天然气润滑性能的下降；火花塞——铱金提高了火花塞寿命；点火线圈——与火花塞整体式的高能线圈可以满足独特的点火特性要求；喷油器与燃油轨——喷油器专为氢和高容量燃油轨设计；曲轴减振器——针对氢燃料进行调谐确保平稳运行；活塞、连杆与活塞环——高强度设计以适应氢燃烧较高的燃烧压力；气缸垫——适应增大的燃烧室压力；进气歧管——全新设计，以适应双螺旋机械增压器；水—空气式中间冷却器——进一步改善功率输出，提供最佳效率；机油与 BP/Castrol 合作开发的全合成配方，针对氢燃烧特性进行了优化。

5.4 中国氢发动机汽车技术发展

我国氢发动机的研究始于 20 世纪 80 年代初，国内一些高校和科研单位对内燃机燃氢和燃氢双燃料内燃机等进行了实验研究。其中浙江大学曾与日本武藏工业大学合作进行液氢发动机的试验研究，试验采用了缸内直接喷射，并用模糊神经网络控制，试验结果表明氢气发动机的异常燃烧、动力增加及 NO_x 减少在很大程度上取决于正确的喷氢系统、喷射正时及点火正时。

2006 年 8 月，由北京工业大学、北京益麦斯科技有限公司和北京飞驰绿能电源技术有限公司联合成功改造了一辆可使用汽油和氢气混合燃料的 1.6L 轿车。该车在冷起动、暖机、怠速和小负荷时采用纯氢气运行，接近零排放；在中等负荷时采用汽油混氢燃烧，排放和油耗进一步降低；在大负荷时采用纯汽油模式，确保了车辆动力性。目前该车已运行了 350km，未发生任何安全问题和进气管回火，高负荷爆燃也得到了很好控制。

2007 年 6 月，我国自主研制的第一台氢内燃机在长安集团点火成功，标志着我国氢内燃机技术取得了突破性进展[10]，如图 5-8 所示。

2008 年 4 月 20 日，长安自主研发的中国首款氢动力概念跑车"氢程"震撼亮相北京车展，如图 5-9 所示，业内人士表示，长安"氢程"氢动力概念跑车展示了氢能源汽车节能环保，兼顾充沛的动力性和驾乘舒适性的优越性，对未来氢能源的实际应用具有示范意义；同时也为人们利用能源多样化、持续畅享汽车文明与生活提供了无限遐想。长安汽车集团董事长、总裁徐留平表示："氢动力概念车采用国内第一款成功点火的氢内燃机为动力，为传统汽车能源多样化提供了范例"。

图 5-8 长安氢内燃机[11]

图 5-9 中国首款氢动力概念跑车"氢程"[12]（后有彩图）

长安氢动力概念跑车"氢程"的整体设计灵感源自水流等自然形态，体现了一种人与自然相融合的现代设计理念。其外形设计源自水流急速流动时的状态，通过富有张力的形面、雕塑感的线条分割，刚柔并济，体现了东方传统神韵与现代科技的完美结合。全景式车窗的设计给"氢程"带来独一无二的视觉效果，将人与自然完全融合为一体，让驾乘者充分地接近自然，做到了运动与舒适的完美结合。同时，这种设计使车身的风阻系数降低到了0.26，还大大提升了整车的燃料经济性。

长安氢动力概念跑车"氢程"，不仅外观造型优美和谐，更以其零排放成为真正的绿色汽车，成为目前世界上为数不多的几款氢燃料汽车之一。"氢程"搭载长安已成功点火的增压中冷氢内燃机，直接以压缩氢气为燃料，配合总线电控及紧凑的人机工程布置，体现了长安汽车在新能源运用和动力系统研究等领域的核心突破和创新成就。其性能不仅可以达到汽油机的水平，效率上还比同排量的汽油机高30%以上、HC、CO、CO_2排放几乎为零，完全可实现超低排放并具有良好的低温起动性。而且，"氢程"在一次性加足燃料的情况下，续驶里程可达230km以上。此外由于采取全铝车身结构设计，氢动力概念跑车整体尺寸虽达4600mm×1870mm×1350mm，整备质量却仅为750kg。配合高性能增压中冷氢内燃机，使它的质量功率比高达5.46kg/ps，0~100km/h加速时间轻松进入6.5s[13]。

参 考 文 献

[1] 文档库. 氢能历史［EB/OL］.［2019-12-20］. http://www.wendangku.net/doc/b5ac4c3a0b1c59eef8c7b4de-2.html.

[2] 王文浅. 氢发动机发展现状与展望［J］. 北京汽车，2003，01：5-8.

[3] 纽瑞德. 为何高压氢气会外泄［EB/OL］.［2014-09-24］. http://www.qiti88.com/knowledge/whgyqqh-wx_1.html.

[4] 网易汽车. H2R氢动力概念车官方图片［EB/OL］.［2019-12-20］. http://3g.163.com/ntes/photoview/0008/3750.html.

[5] 百度百科. "bmw h2r"词条［EB/OL］.［2019-11-25］. https://baike.baidu.com/item/bmw%20h2r/3601765?fr=aladdin.

[6] 汽车之家. 马自达RX-8 2010款 基本型［EB/OL］.［2019-12-20］. https://car.autohome.com.cn/photo/5729/12/706549.html#pvareaid=3454593.

[7] 汽车之家. 仅存的转子情怀 实拍马自达RX-8跑车［EB/OL］.［2017-02-25］. https://www.autohome.com.cn/culture/201702/898962-all.html?pvareaid=3311701#p2.

[8] 太平洋汽车网. 福特汽车领先投产氢燃料内燃机［EB/OL］.［2006-08-02］. http://www.pcauto.com.cn/newcar/csdt/0607/390852.html.

[9] 维普网. 福特F-250 Super Chief概念车［J］. 轿车情报 Auto Car，2003：2：28.

[10] 李强. 氢发动机技术特点及其发展［J］. 能源技术，2008：2：88-90.

[11] 爱卡汽车. 中国自主研制的第一台氢内燃机点火成功［EB/OL］.［2007-06-21］. http://info.xcar.com.cn/200706/news_16223_1.html.

[12] 搜狐汽车. 国家工信部：关于氢内燃机汽车的定义分类［EB/OL］.［2010-03-15］. http://auto.sohu.com/20100315/n270841568.shtml.

[13] 搜狐汽车. 长安氢动力概念跑车"氢程"震撼亮相［EB/OL］.［2008-04-22］. http://auto.sohu.com/20080422/n256441866.shtml.

第6章

其他新能源汽车技术发展概况

　　关于新能源汽车的概念和分类，随着技术的不断发展也在不断变化，根据中国工信部和国内外相关文献对新能源汽车的定义，认为新能源汽车是指采用非常规的车用燃料作为动力来源（或使用常规的车用燃料、采用新型车载动力装置），综合车辆的动力控制和驱动方面的先进技术，形成的技术原理先进，具有新技术、新结构的汽车。因此一般来讲，新能源汽车除了前几章介绍的车型外，还包括超级电容电动汽车、飞轮电池电动汽车等。有些文献将太阳能汽车归类为纯电动汽车，为了内容的结构性考虑，本书将太阳能汽车编入本章进行介绍。另外，关于气体燃料类汽车的归类问题学者们的观点不一，有文献将气体燃料类汽车也归类为新能源汽车，也有文献认为该类汽车的燃料不是非常规车用燃料，且因篇幅所限，本书不对这部分车型进行探讨。

6.1 超级电容应用于新能源汽车技术发展

超级电容器是20世纪70年代末出现的一种新产品,它突破了传统的电容器设计思想,电容量由微法拉级提高到法拉级,创造出1000F级超级电容器,到20世纪末,又先后出现了10000~100000F的牵引型超级电容器,从此超级电容器开始进入电池应用市场,出现了超级电容器电动汽车的新概念,它以其优异的性能改变了人们的传统认识,建立了全新的交通运输电动汽车的设计思想。

超级电容器比功率大,其特性是:比功率可达到2~3kW/kg,充电时,充电速度快,温升小;放电时,可以大电流输出,输出功率大。在电动车辆运行时,起步快,加速快,爬坡力强。超级电容器比能量小,使同等重量超级电容器续驶里程仅为铅酸蓄电池的1/3,这是目前超级电容器的唯一缺陷。超级电容器电动汽车续驶里程短,跑不远,但充电速度快,可以弥补续驶里程短的缺陷。补救的方法是在城市交通线路的两端建立充电站,快速充电,这样其续驶里程可不受限制。

超级电容工作原理

超级电容器车用储电装置优点有很多,比如超级电容器是绿色能源(物理电池),不污染环境;循环使用寿命长(约10万次);充电速度快(0.3s~15min);超级电容器充放电效率高(98%);超级电容器的功率密度高(1000~10000W/kg);超级电容器彻底免维护,工作温度范围宽(-40~50℃),容量变化小;超级电容器电动大客车制动再生能量回收效率高,常规制动时能量回收高达70%;相对成本低[1]。

6.1.1 日本超级电容混合动力电动汽车技术发展

日本是将超级电容运用于混合动力电动汽车较早的国家,本田FCX燃料电池——超级电容器混合动力车是世界上最早实现商品化的燃料电池轿车,2002年在日本和美国加州上市。在其开发出的第三代和第四代燃料电池电动汽车FCX V3和FCX V4中分别使用了自行开发研制的超级电容器来取代辅助电池,减小了汽车的质量和体积,使系统效率增加,同时可在制动时回收能量。经过相关测试表明,使用超级电容器时燃料效率和加速性能均得到了明显提高,起动时间由原来的10min缩短到10s。图6-1所示为日本本田汽车公司生产的一款燃料电池电动汽车的辅助储能装置,它是由80个超级电容器单元和1个冷却系统组成的,其中超级电容器的功率密度和能量密度分别达到了1400W/kg和3.9W·h/kg,工作温度为-30~65℃。

第5代FCX采用超级电容器加燃料电池的电能供应方式,这使FCX能快速达到较大输出功率,改善燃料电池电动汽车起动和加速性能,并缩短起动时间。同时由于超级电容器与燃料电池同样具有软特性,所以取消了DC-DC变换器,减小系统质量。超级电容器电量不足时则由燃料电池带动电机利用输出的多余电功率来补充。燃料电池组带动的超级电容器只提供车辆加速和爬坡时所需的峰值功率,同时进行制动能量回收。

在以内燃机作为主能源的混合动力电动汽车方面,日产汽车公司2002年6月24日推出了安装有柴油机、电动机和电容器的并联混合动力电动货车,如图6-2所示,汽车由额定功率为152kW的CIDI发动机和55kW的永磁电机驱动,安装有日产公司开发的新型电容器

"超级电力电容器（ECaSS）"，具有 6.3kW 的比功率，功率能量比高达 80%。该货车使用了 84 个单元组成三串，每串由 28 个 1500 F 2.7 V 单元并联，共 583 W·h，该车制动能量的功效高于其他电池供电的混合动力电动汽车[3]。

图 6-1　超级电容器组[2]

图 6-2　日产并联混合动力货车（后有彩图）

6.1.2　欧美超级电容混合动力电动汽车技术发展

1996 年俄罗斯的 Eltran 公司研制出以超级电容作为电源的电动汽车，采用 300 个电容串联，充电一次可行驶 12km，时速为 25km/h。

瑞士等国也在超级电容的应用方面做了一些研究，瑞士的 PSI 研究所曾给一辆 48kW 的燃料电池电动汽车安装了储能 360W·h 的超级电容组，超级电容承担了驱动系统在减速和起动时的全部瞬态功率，以 50kW 的 15s 额定脉冲功率来协助燃料电池工作，牵引电机额定连续功率为 45kW，峰值功率为 75kW，采用 360V 的直流电源。

德国大众 Bora 超级电容实验车进行的燃油消耗测试结果表明其油耗少于 7L/100km，而相同质量的宝马 7 系列车型油耗则为 10.7L/100km。

美国在超级电容混合动力电动汽车方面的研究也取得了一定进展，加州早在 20 世纪 90 年代颁布零排放汽车近期规划，普遍认为超级电容汽车满足这一标准。美国的 Maxwell 公司和 Exide 公司联合开发复合电源系统，用于货车低温起动、中型和重型货车、陆上和地下的军用车，它在大电流以及高低温条件下工作，都会有很长的寿命。美国 NASALewis 研究中心研制的混合动力客车也采用超级电容作为主要的能量储存系统[4]。

2019 年 9 月 10 日，在德国法兰克福车展上，意大利著名超跑品牌兰博基尼发布了旗下首辆混合动力超级跑车，正式迈出电气化的第一步。兰博基尼将该车型命名为 Sian FKP 37，以纪念公司已故主席 Ferdinand K. Piëch。据了解，Sian 的售价为 360 万美元，折合人民币约为 2552 万元，该车型全球限量仅 63 辆，且在正式亮相前就全部售罄。Sian 最大功率达到了 610kW，0～100km/h 加速时间仅为 2.8s，最高速度则超过 350km/h。该车除了采用 6.5L V12 发动机外，还使用超级电容器提供额外的功率，并且超级电容器自身较小的质量也能够降低车型的质量功率比，即尽可能保证轻量化的条件下增大马力，如图 6-3 所示。兰博基尼表示，同等重量下，超级电容器

图 6-3　兰博基尼 Sian[6]（后有彩图）

的功率比电池大三倍左右。在追求极致轻量化的超跑身上，降低重量同时增大马力，尤为重要。

这一措施也让 Sian 成为兰博基尼 V12 车型中质量功率比最低的一款车型。为配合超级电容器工作，Sian 为电机开发了新的制动系统，每次车辆制动时，Sian 的储能系统都会充满电，在低速行进时，超级电容器能够在较短的时间内单独驱动车辆行进，最大能够提供 25kW[5]。

6.1.3 中国超级电容混合动力电动汽车技术发展

我国从 20 世纪 80 年代开始研制超级（双电层）电容器，并将其列入电子工业部 38 项攻关课题，由于关键材料及设备依赖进口，未能实现商品化，也未得到广泛使用，而大功率超级电容器的市场销售已经启动，用户群体和目标市场正在形成。

在我国，北京有色金属研究总院、锦州电力电容器有限责任公司、北京科技大学、北京化工大学、北京理工大学、西安交通大学、北京金正平科技有限公司、解放军防化院、哈尔滨巨容新能源有限公司、上海奥威公司等单位开展了电动车用超级电容的研究开发工作，国家"十五"计划、"863"电动汽车重大专项攻关中已将超级电容的开发列入发展计划。国内的北京、烟台和上海已经试验使用超级电容器动力公交车。国内厂商烟台中上公司自主生产的超级电容器公交车一次充电行驶里程可达 12km，首次充电时间 180s，中间站充电时间 15~30s，最高行驶速度 60km/h，最大爬坡度不小于 25°，制动工况下能实现能量再生回馈，运行良好。中上汽车已研发出第三代超级电容器车，续驶能力提升至 25km，最高速度 70km/h，理论上已经能够满足城市公交的要求。

此外，上海市科委也组织并立项了超级电容公交客车项目，该项目由上海市城市交通管理局、上海巴士实业（集团）股份有限公司、上海申沃客车有限公司、上海瑞华（集团）有限公司、上海突成科技开发有限公司等联合研制。该款超级电容公交客车是在申沃SWB6116 型城市客车平台上开发的新型空调电车，配置了超级电容储能器件、交流变频调整驱动系统、智能化动力驱动管理系统、大功率快速充电器等部件，并集各类最先进的控制系统于一体。该款超级电容公交车是全低地板城市客车，如图 6-4 所示。该客车具有高度人性化且适用大客流量的特点，整个车厢内的地板是无踏板的平地，且车门地板离地高度只有 360mm，便于乘客上下车；车辆开有前、中、后三门，便于乘客上下车，减少停站时间，提高运行效率；设有可满足残疾人轮椅上下车的装置和设施等，整车采用一体化冷暖空调，车用热泵转换技术节能降耗 30% 左右；一体化交流驱动助力动力系统实现低功耗 20% 左右。

图 6-4　全低地板超级电容城市公交车

2006年8月28日，上海11路超级电容公交车示范线路正式开通，这是世界上第一条具有商业示范意义的超级电容运营线路，标志着上海新能源公共交通进入了一个新时代，11路运行16个月的统计数据显示，车辆累计运行45万km，完成载客208万人次，平均能耗为0.98kW·h/km，平均能量回收率20%与燃油车相比节能费用65%，故障少，出勤率达到96%。超级电容公交客车通过11路的商业运营，经济效益，社会效益、环境效益明显[7]。

2010年上海世博会期间，超级电容公交车经历了高强度运营考验，61辆超级电容城市客车在6个月内累计运行120万km，平均每天4800km，共运送国内外游客4000万人次。

2012年12月，采用高能量超级电容器系统对整车又进行技术升级，并继续在上海11路、26路投入运营，如图6-5所示，实现了累计营运里程4120401km，电容单体故障发生率为零的效果。其中26路超级电容公交车线路总长19km，全线配车18辆。2015年，上海920路高能超级电容公交车上线运营，线路总长10.3km，全线配车15辆[8]。

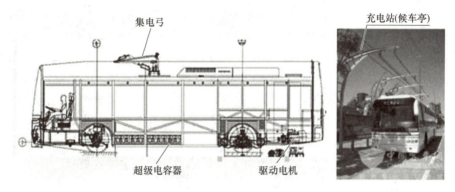

图6-5　上海11路公交车（后有彩图）

超级电容公交客车充分利用了超级电容器的独特性能，在保留无轨电车优点的同时，克服了无轨电车机动性差、架空线景观污染的缺点，利用进站时乘客上下车的30s时间即可完成对超级电容器充电，具有无尾气排放、机动性好、噪声低、运行成本低的显著特点，为城市交通提供了一种清洁、环保的交通工具[7]。

6.2　飞轮电池及混动系统应用于新能源汽车技术发展

6.2.1　飞轮电池及飞轮混动系统技术特点

1. 飞轮电池的技术特点

飞轮储能电池是20世纪50年代提出的新概念电池，它突破了化学储能电池的局限，运用物理的方式实现能量的储存。它与化学电池相比主要优势在于：

（1）储能密度高，瞬时功率大，在短时间内可以输出很大的功率；

（2）飞轮电池的充电实际上是将电能转换为飞轮的动能，因此，飞轮不存在过充电和过放电而影响飞轮的储能密度；

（3）充电时间短，一般只需要几分钟；

(4) 飞轮使用寿命长，飞轮电池的使用寿命主要取决于飞轮电池中的电子元器件的寿命，飞轮电池的寿命一般可达 20 年左右；

(5) 能量的转换率高[9]。飞轮电池的结构如图 6-6 所示。

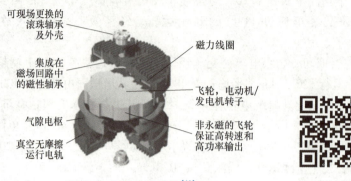

图 6-6 飞轮电池结构[10]　　　　飞轮电池结构

2. 飞轮混动系统的技术特点

飞轮混合动力（Fly Wheel Hybrid Power）系统技术是近 10 年在欧洲发展起来的基于先进变速器技术的绿色汽车动力技术，与 20 世纪 70～80 年代兴起的飞轮电池储能技术有着本质的区别。虽然储能式飞轮混动系统其系统结构与飞轮电池储能系统相似，但其飞轮所储能量大大降低，通常为飞轮电池的几十至百分之一，因而其安全性和陀螺效应可忽略不计。

飞轮混动系统与飞轮电池的关键不同在于：飞轮电池主要强调的是高能量储备、低能量耗散，因此其飞轮重量相对更大，转速更高，降低能量耗散的手段要更强。在这种限制条件下，安全性比较难保障，降低能量消耗的措施（如非接触式磁轴承）成本也比较高昂，因此在汽车上应用有困难。飞轮混动系统强调的是功率密度要大，在车辆加速时能够很好地满足短时高功率需求，履行其辅助主动力源的职责，而对飞轮能量的储备要求够用就行，因为飞轮系统可以在车辆的频繁制动中不断吸收能量，这样就避开了飞轮电池对转速、转子质量和维持能量低耗散的苛刻要求，使其在安全性和成本上具备了在汽车上应用的条件。

飞轮混动系统的主要技术特点如下：

1) 稳定主动力源功率输出。在汽车起步、爬坡和加速时，飞轮混动系统能够进行瞬时大功率输出，为主动力源提供辅助动力，并减少主动力源的动力输出损耗。在保持相同动力性能的情况下，发动机可以做得更小，从而油耗和排放也更低。此外，其不受化学电池放电深度限制，飞轮能量可以较彻底地释放到动力系统中。

2) 提高能量回收的效率。机械飞轮的功率密度远高于相同功率的大功率动力锂电池，其功率密度可达 5～10kW/kg，成本也远低于锂离子电池。在汽车下坡、滑行和制动时，飞轮混动系统能够快速、大量储存动能，且能量存储速度不受"活性物质"化学反应速度影响，相较深度混合动力系统，可回收制动能量比例也由 35% 提高到 70%。因此相对于传统混合动力系统昂贵的电池组和电驱动单元，飞轮混动系统是低成本和高效的选择。

3) 寿命长且安全环保。相对于传统混合动力系统，其系统使用寿命完全可覆盖车辆全寿命周期，且系统维护周期长，无任何有毒材料，对环境无污染。

飞轮混动系统结合先进变速器控制技术，如 CVT、电动无级变速 ECVT 等，充分发挥飞轮的高功率比特点，不但有效地解决了现有节能与新能源汽车中普遍存在的因电驱动系统功率限制而造成的动力与节能效果不足问题，而且飞轮的机械功率可直接耦合到传动系，大大提高了再生制动的效率及车辆的加速性能，这是飞轮混动系统具有高性价比的主要原因。

目前，飞轮混动系统有三种基本形式，分别是储能式、机械式和电动式。国际上对飞轮混动技术的开发和应用主要集中在欧洲，而英国又走在了欧洲的前列。英国政府的"技术战略委员会"近年来同时赞助了三个有关飞轮混动系统的研究项目（KinerStor、FHSPV 和 Flybus），分别由 Ricardo、Flybrid 和 Torotrak 主导，对飞轮混动系统在经济型车、高端车和重型商用车领域的应用进行验证，并以此积累关键技术。

美国和日本鉴于 20 世纪 70 ~ 80 年代车载飞轮电池研发中出现的一些安全隐患，对飞轮混动系统心存疑虑。但 2011 年 12 月美国橡树岭国家实验室受其能源部委派，所做的飞轮系统评估报告则充分认识到飞轮系统的巨大潜力和产业成熟性，并坦承欧洲正领导着飞轮技术在轻型和重型混合动力车辆上的应用。鉴于 FIA（国际汽车联合会）于 2009 年 10 月对飞轮系统的强力支持，报告建议美国能源部对飞轮这种高功率、高能量存储特性的技术在混合动力车辆上的应用给予重新考虑[11]。

6.2.2 国外飞轮电池及飞轮混动系统技术发展

总体上，国外飞轮电池及飞轮混动系统的技术发展可以分为以下四个阶段[9]：

第一阶段（20 世纪 50 年代至 1997 年）起始阶段

飞轮储能技术最早作为使系统平稳运转的调节部件而应用在内燃机上。其作为具有电池功能的飞轮储能系统，则起始于 20 世纪 50 年代。瑞士苏黎世 Oerlikon 工程公司开发出飞轮储能巴士并投入实际运行至 1959 年。20 世纪 70 年代，由于石油禁运和天然气危机，美国能量研究发展署（ERDA）和美国能源部（DOE）开始资助飞轮储能系统的多项研究与开发。石油公司 1984 年研制的 400W·h 复合材料飞轮电池，用于车辆制动能量再生。以航天和车辆电源为应用目标，劳伦斯利莫国家实验室研制了 870W·h 的飞轮储能实验系统。1989 年日本长冈技术大学与仙台工学院联合研制了 230W·h/5kW 的飞轮不间断电源实验装置。1991 年美国劳伦斯利莫国家实验室研制了 1kW·h/200kW 的飞轮电池实验装置。1992 年，美国飞轮系统公司（AFS）开发出了一种用于汽车上的飞轮电池。每个"电池"长 18cm，质量 23kg。电池的核心是以 200000r/min 旋转的碳纤维飞轮，每个电池储存的能量为 1kW·h，将 12 个这样的"电池"装在轿车上，能使该车以 100km/h 的速度行驶 480km。1994 年，美国阿贡（ANL）国家实验室用碳纤维试制一个储能飞轮：直径 38cm，质量 11kg，采用磁悬浮超导技术，飞轮的线速度达到 1000m/s。其储存的能量可以将 10 个 100W 的灯泡点燃 2 ~ 5h。该实验室正在开发储能为 5000kW·h 的飞轮储能装置，一个发电功率为 100 万 kW 的电厂，约需这样的飞轮 200 个。经过 20 年的技术积累，20 世纪 90 年代后期，基于飞轮储能的电源系统实用产品逐步成熟。1997 年，Beacon Power 推出 2kW·h 的飞轮电池，如图 6-7 所示。

第二阶段（2002—2006）研发阶段

2002 年：荷兰埃因霍温理工大学（TU/e）的科研团队创立 Drive-TrainInnovations 公司，开展研究"机械式"飞轮混动系统的工程应用。

2003 年：英国汽车动力专家 ChrisEllis 创立 EchoTech，与帝国理工的科研团队进行"电动式"飞轮混动系统的研究及示范。

2006 年：英国汽车工程公司 Ricardo 与美国飞轮系统公司（AFS）合作开发基于先进的"储能式"飞轮混动系统的高效电动汽车。

2006 年：美国麦格纳汽车电子公司的廖越峰等对 ChrisEllis 的"电动式"飞轮系统进行系统的分析和改进，完整地提出了"电动式"飞轮系统的控制原理及产品概念，并申请多项美国专利。

第三阶段（2007—2009 年）验证阶段

2009 年，世界 F1 赛车联合会颁布了在赛车中使用飞轮混动系统的新比赛规则，如图 6-8 所示，英国威廉姆斯混合动力有限公司（WHP）为 F1 赛车研发了"储能式"飞轮混动系统；同年，英国 Flybrid 公司为捷豹（Jaguar）公司开发的"机械式"飞轮混动系统在其 Jaguar XF 原型车上进行了路试，如图 6-9 所示。

图 6-7　Beacon Power 的飞轮电池[12]

图 6-8　应用飞轮混动系统的 F1 赛车（后有彩图）

a) WHP 的飞轮混动系统　　　b) Flybrid 的飞轮混动系统

图 6-9　两种飞轮混动系统

第四阶段（2010 年至今）产业化阶段

2010 年：沃尔沃（VOLVO）获 600 万瑞典克朗的政府支持，拟于 2015 年前实现"机械式"飞轮混动系统产业化。沃尔沃希望将飞轮动能回收系统与后轮结合到一起，当驾驶人踩下制动后，制动能量将带动飞轮旋转，飞轮转速最高可达 60000r/min。当驾驶人松开制动踏板,踩下加速踏板时,高速旋转的飞轮通过一套无级变速机构将动能输送到后轮。沃尔沃的飞轮动能回收系统用碳纤维材料制成,飞轮在一个密闭的真空环境中旋转,以最大限度地降低摩擦。飞轮的实际重量仅约6kg,直径不到820.3cm,整套系统的结构极为紧凑,如图6-10所示。

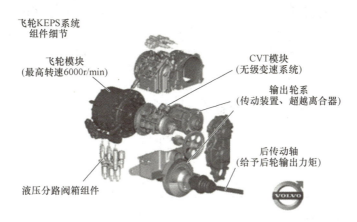

图6-10 沃尔沃(VOLVO)飞轮动能回收部件

2010年,保时捷公司宣布,将在2012年推出量产型保时捷918SpyderHybrid,该车型使用了威廉姆斯混合动力有限公司提供的"储能式"飞轮混动系统。

2012年,由威廉姆斯混合动力有限公司提供飞轮混动系统的奥迪R18 E-TronQuattro历史性地囊括了勒芒24h耐力赛冠亚军,如图6-11所示。

图6-11 奥迪R18(后有彩图)

2013年,沃尔沃(VOLVO)和Jaguar将机械式飞轮混动推进系统用在Jaguar S60车型上,沃尔沃(VOLVO)和捷豹(Jaguar)宣布在2015—2016年在该车型上实现量产。

2014年,沃尔沃测试了英国设计的飞轮能量回收系统(Flybrid KERS),不但可以降低25%的油耗,而成本却是常规混合动力电动汽车出厂价的1/4,所以这款动能回收系统被装配到S60轿车的后轴进行测试,它可用于协助前驱的汽油发动机,来提高整车性能,将S60 T5的0~100km/h加速时间缩短1.5s,也可以在经济模式下使用,来减少CO_2的排放[13]。

6.2.3　国内飞轮混动系统技术发展

国内目前在飞轮混动系统方面主要是跟踪研究。不同的是成立于2012年年初的常州海科新能源技术有限公司,该公司致力于"电动式"飞轮混动系统的研发,将飞轮、控制电机与汽车传动系统通过行星齿轮连接起来,再用恰当的控制方法实现了电混合无级变速,比较"电动式"和"机械式"两种飞轮混动系统,可以发现"电动式"主要是以电机通过行星齿轮调速机构取代了"机械式"的CVT调速机构,从而实现高性能和高可靠性的转矩和速度控制。

6.2.4　国内外飞轮混动系统技术路线对比分析

当前世界主要的飞轮混动系统研发公司所采取的技术路线主要有机械式、储能式和电动式,三种飞轮混动系统技术路线简要对比见表6-1所示。

表6-1　三种飞轮混动系统技术路线简要对比[11]

研发企业	Flybrid	Williams Hybrid power	常州海科
飞轮混动系统的形式	机械式	储能式	电动式
飞轮的能量输入、输出途径	CVT	电力传动系统	大部分能力通过机械传递,小部分通过双电机功率流
能力转换效率	机械传递的转换效率较高,但CVT昂贵且重	能量需要双重转换,效率较低	保留了机械式转换效率高的特点
对飞轮控制电机和控制器的要求	低	需要大容量的电力传动系统	相比储能式需求大大降低
飞轮的密封条件	需要密封	需要密封	大气环境
飞轮最高转速/(r/min)	64500	40000~45000	25000
飞轮制造	轮缘未碳纤维复合材料	使用磁负载复合技术的复合材料	金属
对轴承的要求	陶瓷轴承	陶瓷轴承	钢制轴承
对飞轮保护装置的要求	很高	较高	相对较低
系统集成度	相对较高	不高	相对较低,主要靠软件实现
动力实现形式	单一并联动力形式	单一串联动力形式	多模式动力控制

与威廉姆斯为代表的"储能式"飞轮混动系统相比,常州海科的"电动式"飞轮混动系统由于其大部分能量是通过机械耦合的方式直接传递,只有一小部分能量通过电力传动系统(飞轮控制电机、驱动电机及控制器等),这样就将电力传动系统的容量要求大大降低,而其动力性能和能量转化效率却基本保持了"机械式"飞轮的优点。与Flybrid的"机械式"飞轮混动系统相比,由于海科的"电动式"飞轮混动系统使用的是机电一体化的控制系统,其小功率的调速电机可以实现"机械式"所不具备的更加灵活的飞轮加、减速调节,而其独立于机械传动之外的另一条双电机(低成本的)驱动功率流可以使整个系统对能量和功率的管理更有效、更有灵活性,相较于复杂且昂贵的CVT系统,不但结构简单、成本低,而且更符合我国当前的产业发展现状[11]。

6.3 太阳能电池汽车技术发展

太阳能电池又称为"太阳能芯片"或"光电池",是一种利用太阳光直接发电的光电半导体薄片。它只要被满足一定照度条件的光照到,瞬间就可输出电压及在有回路的情况下产生电流。在物理学上称为太阳能光伏(Photovoltaic,为 PV),简称光伏。

1839 年,光生伏特效应第一次由法国物理学家 A. E. Becquerel 发现。1849 年术语"光伏"才出现在英语中。1883 年第一块太阳电池由 Charles Fritts 制备成功。Charles 用硒半导体上覆上一层极薄的金属形成半导体金属结,器件只有 1% 的效率[14]。由此看来,太阳能电池已经有 180 多年的历史了。

随着技术的不断发展,太阳能电池的应用领域逐渐扩大,特别是当化石燃料汽车出现能源和环境问题后,人们开始关注太阳能电池汽车的研发。早在 1978 年,世界上第一辆太阳能电池汽车便在英国研制成功,时速达到 13km/h。1982 年,墨西哥研制出三轮太阳能汽车,时速达到每小时 40km/h,由于它们每天所获得的电能只能行驶 40 分钟,所以续驶里程很短[15]。

经过 40 多年的技术发展,太阳能汽车技术不断进步。太阳能汽车技术主要包括电池技术、电机驱动技术、车体技术和能量管理技术等,与传统燃油汽车相比,因其极大地简化了车辆的结构与构成,所以整体车辆显得更加简洁。太阳能电池是太阳能汽车的电能储存与转化的重要部分,其转换率直接影响着车辆的行驶特性。现今太阳能汽车电池主要为硅电池与薄膜电池两大类。太阳能汽车整体线条更加柔顺,形状相对扁平,以减小风阻,来节约能耗。太阳能汽车的底盘主要有承载式、半承载式以及无载荷组合式三种结构。

太阳能电池汽车技术发展

太阳能汽车现今虽然技术有所突破,但是在能源转换效率以及车载电池方面仍然存在一定的不足,目前市场上的硅太阳能电池的效率最高可达 20%~22%,所以太阳能汽车的动力构成主要是以混合驱动技术为主,即以太阳能作为辅助能源,电驱动系统或者燃油驱动系统作为主要的动力源,在太阳能汽车行驶过程中完成各驱动能源的切换、优化。在太阳能汽车行驶过程中对于低速、匀速部分可以太阳能能源系统为驱动能源,而当汽车在爬坡、加速等高能耗工况时,需要其他动力系统为主,太阳能电池部分则进入蓄电、充电模式。太阳能汽车的蓄电池可以通过太阳光照充电,也可以通过电网充电。当太阳能汽车全部采用电力驱动时,能源管理系统需要对于电能的使用和消耗进行精准控制,以提高系统效率和延长续驶里程[16]。

6.3.1 世界上第一辆远程太阳能汽车——光年一号(Lightyear One)

荷兰埃因霍温理工大学工程学的学生们曾经成立了一个名为 Solar Team Eindhoven 的团队,专注研制太阳能汽车。该团队的 Stella 和 Stella Lux 太阳能汽车参加了世界太阳能挑战赛(World Solar Challenge),为了实现有效的动力输出,Solar Team Eindhoven 在设计 Stella Lux 时,使用了接近极限的流线型设计,并且使用了碳纤维和铝等轻量化材料。然而,这辆车是针对学生竞赛所设计的,这意味着它很难符合上路标准,并向大众销售。于是这个团队开始了新车型 Lightyear One 的研发。

2019 年 6 月，曾多次获得太阳能挑战赛胜利的企业 Lightyear，将其在比赛中所积累的经验都用在了汽车的设计上，发布了一辆名 Lightyear One（光年一号）的太阳能动力电动汽车，其单次充电续驶里程达到了 725km[17]，如图 6-12 所示，该车使用了极限流线型设计。

图 6-12　光年一号（Lightyear One[18]）（后有彩图）

该公司表示，太阳电池芯能比传统电池芯多产生 20% 的能量，太阳电池芯可为车辆的电池充电，与传统的太阳能板不同，该车的电池芯可以独立工作，当太阳能发电不足时，电池芯依然能够高效地产生能量驱动汽车。除了使用太阳能电力外，车主还可以像普通电动汽车一样为光年一号（Lightyear One）的内置电池充电。

光年一号将四个电机分别集成在轮毂上，这样就可以将电池更扁平化地铺设在底盘之上，降低汽车重心，并增加乘员区的有效空间[19]，如图 6-13 所示。

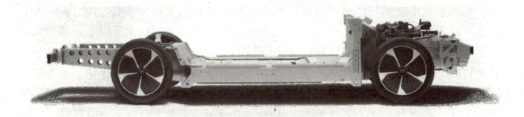

图 6-13　光年一号（Lightyear One）的底盘

这款太阳能轿车还配置了无线车门，取代传统侧后视镜的摄像头，以及仪表板上带有触摸屏控制面板的极简主义内饰等[18]，如图 6-14 所示。

Lightyear 公司联合创始人兼 CEO 雷克斯·霍夫斯洛特（Lex Hoefsloot）曾指出，为了提升 Lightyear One 的性能，采样了一种叫作"终极能效（Ultra-Efficiency）"的方法，来使这辆车在电池体积相对较小的情况下，最高续驶达到了 725km（WLTP）。此外由于它的能量消耗比以前的车辆低很多，因此它可以直接使用太阳能充电，每年可以产生相当于行驶 2 万 km 所需的电力。且由于相同电量能够实现的续驶更长，因此使用当前市面上所有的充电方式都变得更加简单，如在使用普通 230V 电压的插座时，一晚上最高可以充入可以行驶

400km 的电量[17]。

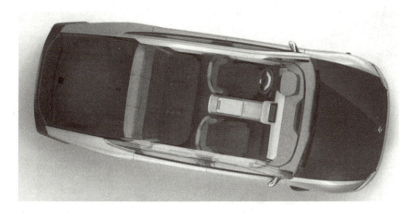

图 6-14　光年一号（Lightyear One）的车辆内饰

6.3.2　国外太阳能汽车技术发展

1982 年，太阳能先驱 Hans Tholstrup 和 Larry Perkins 着手进行一项探索，希望他们驾驶自己建造的太阳能汽车 Quiet Achiever 从西向东横穿澳大利亚。在他的推动下，世界太阳能挑战赛由此诞生。世界太阳能挑战赛于 1987 年由先驱赞助商南澳大利亚旅游委员会揭幕，它继续展示先进汽车技术的发展，并推广传统汽车发动机的替代产品[20]。

在 2009 年大赛时，无论是硅类还是化合物类，面积都限定为 $6m^2$，最终日本东海大学"东海挑战者"以 100.54km/h 的平均速度在澳大利亚"世界太阳能汽车挑战赛"上获得冠军；在 2011 年大赛上，硅类面积仍为 $6m^2$，化合物类则限制在了 $3m^2$，东海大学队教练木村英树教授说："硅类大赛是鼓励队伍选择价格低廉且环保的硅类电池"，他们团队采用了硅类中转换效率最高的 HIT 太阳能电池，当转换效率为 22% 时，最大输出功率为 1.32kW。HIT 原本由松下集团的三洋电机开发而成，采用的是在晶体硅基板两面形成了非晶（非晶质）硅薄膜的混合动力方式。普通的硅类太阳能电池在温度高的夏季发电效率低，但 HIT 借助非晶硅薄膜，基本不受温度影响。2011 年大赛共有来自全球 42 支队伍参加，但配备 HIT 的只有东海大学队，大部分队伍采用的都是美国 SunPower 生产的太阳能电池，最终他们以 91.54km/h 的平均速度获得冠军[20,21]。

此后，东海大学的研发团队不断创新改进，在 2013—2019 年的比赛上都相继取得优异的成绩。2012 年，日本东海大学车队的太阳能汽车在南非共和国举行的"南非太阳能汽车挑战赛 2012"上获得冠军，这是该车队自第一届大赛以来第三次获得冠军，参赛车辆的太阳能电池和锂离子充电电池均由松下制造。南非太阳能汽车挑战赛是 FIA 的"替代能源杯"太阳能汽车拉力赛。从南非的行政首都比勒陀利亚出发，几乎绕该国一周。赛程约为 5000km，为全球最长，海拔为 2000m 左右。此次共有 14 个车队参赛，日本东海大学队以 71 小时 13 分的成绩跑完 4632km 全程并获得冠军，领先于亚军 18 小时 42 分[22]。

在 2019 年第 15 届世界太阳能比赛中，比赛分挑战组和巡航组两个级别。前者主要追求速度，车型大多为减小阻力的细长弧线型，车内只有一个座位，后者更接近日常汽车的造型，可以至少坐两人，为的是通过竞赛促进实用型太阳能汽车的研发。参赛者们主要来自全球相关的高校或相关企业[23]。荷兰的埃因霍温太阳能队的 Stella Era 最终证明了自己的实力,在 2019 年普利司通世界太阳能挑战赛中连续第四次获得巡洋舰杯冠军,如图 6-15 所示。

图 6-15 荷兰 Stella Era(后有彩图)

该车队的第四代太阳能电动汽车 Stella Era(专为 BWSC 建造)在公路和裁判场上留下了深刻的印象,该车带有八个内置雷达,可以检测太阳的强度并相应地充电。为了赢得巡洋舰杯,太阳能电动汽车必须在时间窗内并尽可能高效地完成从达尔文到阿德莱德的旅程。在 13 辆赛车中,只有 3 辆在规定时间内完成了挑战赛,进入评审的第二阶段,埃因霍温以 111.7 分领先,其次是澳大利亚的 Sunswift(56.1 分)和香港的 IVE 工程太阳能汽车团队(44.2 分)[20]。

Agorla Solar Team 是比利时 SOLAR TEAM VZW 大学的学生组建的一个比赛的团队,在 2019 年世界太阳能电池比赛中,他们赢得了第一个冠军。该团队第八次参加普利司通世界太阳能挑战赛,不仅拥有 15 年的太阳能汽车比赛经验,还有 150 多名太阳能队校友支持。他们的第八辆太阳能汽车比前一代更小更快,而且是第一次将太阳能电池板安排在团队内部设计和生产,没有外包[20]。

6.3.3 中国太阳能汽车技术发展

2016 年 7 月 2 日,薄膜太阳能发电技术的领导者汉能集团发布了 Solar 系列全太阳能动力汽车。汉能通过先后并购海外四家太阳能薄膜公司:Alta Devices、Solibro、MiaSolé 以及 Global Solar Energy,成了薄膜太阳能发电技术的领导者,并将自己处于领先地位的砷化镓电池应用到汽车行业。砷化镓电池的优势是超轻、超薄、可弯曲,相比传统多晶硅太阳能电池有巨大优势。在太阳能汽车上,砷化镓电池更便于布置,同时局部的破损也不会影响其余部分的发电能力。

汉能的 Solar 系列太阳能汽车实际上是在纯电动汽车的基础上增加了大面积的太阳能电池板,使车辆的清洁能源电力比例上升更环保,减少充电次数更方便,停车太阳能电池板展开更节能,如图 6-16 所示。汉能太阳能动力汽车的核心技术是薄膜太阳能发电技术,其砷化镓太阳能芯片的转化效率 31.6%,在标准阳光强度($1000W/m^2$)的照射下,每平方米每小时发电 316W。如果每辆车上有 $6m^2$ 的接受面积,每天有 6 个标准日照小时,则每天可获得的太阳能发电量 11.3kW·h,弱 90% 的能量转化为电池电能,则增加续驶里程约 80km。

据历年气象预报和太阳能日照辐射数据分析,一辆这样的车从太阳光获得的电能,可增加续驶里程将超过 2 万 km。

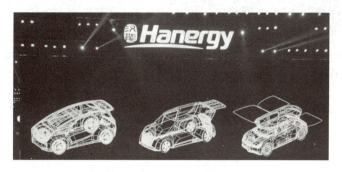

图 6-16　汉能 Solar 太阳能汽车可展开的太阳能电池板（后有彩图）

汉能 Solar 系列太阳能动力汽车共有 4 款车型,分别为:Solar O、Solar L、Solar A 及 Solar R。这 4 款车型都秉承了轻量化以及电池面积最大化的理念,同时也注重网络化和智能化。

Solar O 定位于智能化、网络化的小型车,为城市中移动穿梭提供短程代步其太阳能电池面积为 3.5~4.2m^2,采用两侧板状包夹建构车身的量体设计,以争取到最大的太阳能芯片照射面积。Solar L 的概念性非常强,拥有将近 6m 的超长车身,使整车车顶集成的太阳能芯片面积达到了 6m^2 左右,其整车流线型造型、隐藏式轮毂设计、纤细的摄像头式后视镜,使整车风阻大幅下降,另外全车采用铝合金框架并结合碳纤维车身,整车质量仅 700kg,极大降低能耗,如图 6-17 所示。

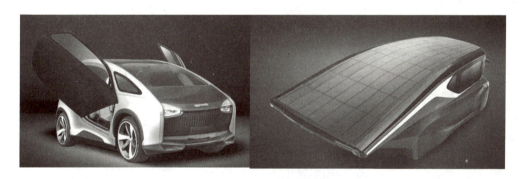

图 6-17　汉能 Solar O 和汉能 Solar L

Solar A 造型独特,白色的线条贯彻整个车身,极具特色的扰流设计,犹如游艇动感十足,其太阳能电池板面积为 5.0~7.5m^2,该车在主仪表台前端风窗玻璃下也布置了太阳能芯片,可单独对仪表及多媒体设备供电,实现太阳能利用率的最大化。Solar R 是一款太阳能新能源跑车,前盖、车顶和侧面集成了柔性超薄的太阳能芯片,并和流线型车身完美地结成一体,尾部和车顶一体的扰流设计让太阳能芯片面积最大化的同时,大幅降低了风阻系数,并增强了高速行驶的稳定性[24],如图 6-18 所示。

截止 2019 年 1 月,汉能在铜铟镓硒（CIGS）、砷化镓（GaAs）的多条技术路线上保持、刷新了多项世界转换效率纪录,如汉能铜铟镓硒 Solibro 玻璃基组件有效面积转换效率达到 18.72%,为铜铟镓硒量产组件世界纪录;铜铟镓硒 MiaSole 柔性电池研发效率达到 19.4%,

图 6-18 汉能 Solar A 和汉能 Solar R

为柔性铜铟镓硒溅射法世界纪录；铜铟镓硒 GSE 柔性电池研发效率达到 19.3%，为柔性铜铟镓硒共蒸发法世界纪录；砷化镓双结电池研发效率达到 31.6%、单结电池研发效率达到 29.1%、单结组件效率达到 25.1%，分别为砷化镓单结电池、单结组件的世界转换效率纪录。此外，高效硅异质结（SHJ）电池研发效率亦于年内再创新高，达到 24.23%，并获得日本 JET 认证。

2019 年 7 月，汉能集团旗下美国子公司 MiaSole 制备的商用大尺寸柔性铜铟镓硒（CIGS）薄膜太阳能组件（采光面积 $1.08m^2$），采光面积光电转换效率达到了 17.44%，创下大面积柔性 CIGS 组件效率最新世界纪录。

2019 年 7 月，汉能集团旗下美国子公司 MiaSolé 研发的小面积芯片（单位面积 $0.86cm^2$）转换效率达到 20.56%，继续保持柔性溅射法铜铟镓硒薄膜太阳能技术全球领先水平。

2019 年 8 月 2 日，汉能 HIT 事业部宣布，经德国哈梅林太阳能研究所（ISFH）认证，由成都研究中心研发的高效硅异质结电池技术（SHJ 技术）冠军电池片，全面积光电转换效率达到 24.85%，不仅刷新了其保持的中国纪录，更是打破了 29 年来一直被日本企业垄断的世界纪录，成为 6in 硅片 SHJ 电池新的世界冠军[25]。

6.4 智能网联及智能共享出行技术发展

6.4.1 智能网联汽车技术发展

智能网联汽车（Intelligent Connected Vehicle，ICV）是指车联网与智能车的有机联合，是搭载先进的车载传感器、控制器、执行器等装置，并融合现代通信与网络技术，实现车与人、车、路、后台等智能信息交换共享，实现安全、舒适、节能、高效行驶，并最终可替代人来操作的新一代汽车[26]。

无人驾驶汽车是智能汽车的一种，也称为轮式移动机器人，主要依靠车内以计算机系统为主的智能驾驶仪来实现无人驾驶的目标，无人驾驶是自动驾驶最高形式[27]。

关于智能网联汽车和无人驾驶汽车的概念，有些专家认为是相同的，比如国家发改委在《智能汽车创新发展战略〈征求意见稿〉》中给出的定义："智能汽车通常也被称为智能网联汽车、自动驾驶汽车、无人驾驶汽车等"；交通运输部科司司长庞松认为："智能网联汽车和自动驾驶汽车是同一个概念,只是不同的行业和领域中应用的名称不同";汽车评论家雷洪钧认为,智能网联汽车就是能上道路的自动驾驶汽车。《智能网联汽车道路测试管理规范(试行)》对智能网联汽车、智能汽车、自动驾驶汽车视作同一个概念。有些专家认为两者是有区别的,比如清华大学汽车工程系教授、中国智能网联汽车产业创新联盟专家委员会主任李克强表示:"智能汽车与自动驾驶汽车不完全等同。智能网联汽车是中国工信部制定汽车路线图时,适应国际走向而给出的一个非常完整的定义。重构以后,智能网联汽车就是智能汽车新技术的阶段,美国、欧洲叫作CAV。无人驾驶是智能汽车最高阶段,智能网联汽车是智能汽车新的技术阶段"。沃尔沃汽车集团总裁兼首席执行官汉肯·塞缪尔森认为:"智能汽车与自动驾驶汽车有所不同,但终究会融合,自动驾驶汽车需要有智能和互联技术提供前方路况信息而保持安全性,车和车之间、车和路之间、车和人之间需要进行互联。"

据前瞻产业研究院发布的《中国无人驾驶汽车行业发展前景预测与投资战略规划分析报告》显示,2016年全球无人驾驶汽车市场规模为40亿美元,到2018年达到了48.2亿美元,到2021年,预计将达到70.3亿美元,到2035年,全球无人驾驶汽车销量将达到2100万辆。

自20世纪80年代,在美国国防部先进研究项目局(Defense Advanced Research Projects Agency,DARPA)的支持下,美国掀起了智能车技术研究热潮。1984年由卡耐基梅隆大学研发了全世界第一辆真正意义的智能驾驶车辆,如图6-19所示,该车辆利用激光雷达、计算机视觉及自动控制技术完成对周边环境的感知,并据此做出决策,自动控制车辆,在特定道路环境下最高时速可达31km/h。

汽车智能驾驶具有"智慧"和"能力"两层含义,所谓"智慧"是指汽车能够像人一样智能地感知、综合、判断、推理、决断和记忆;所谓"能力"是指智能汽车能够确保"智慧"的有效执行,可以实施主动控制,并能够进行人机交互与协同。自动驾驶是智慧和能力的有机结合,两者相辅相成,缺一不可。

图6-19 全世界第一辆智能驾驶车辆(后有彩图)

为了实现"智慧"和"能力"两方面内容,自动驾驶技术一般包括环境感知、决策规划和车辆控制三大部分。类似于人类驾驶人在驾驶过程中,通过视觉、听觉和触觉等感官系统感知行驶环境和车辆状态,自动驾驶系统通过配置内部传感器和外部传感器获取自身状态及周边环境信息。内部传感器主要包括车辆速度传感器、加速传感器、轮速传感器、横摆角速度传感器等,主流的外部传感器包括摄像头、激光雷达、毫米波雷达以及定位系统等。由于不同传感器的测量精度、适用范围都有所不同,为有效利用这些传感器信息,还需要利用传感器融合技术将多种传感器在空间和时间上的独立信息、互补信息以及冗余信息按照某种准则组合起来,从而提供对环境综合的准确理解。决策规划子系统代表了自动驾驶技术的认知层,包括决策和规划两个方面。决策体系定义了各部分之间的相互关系和功能分配,决定了车辆的安全行驶模式;规划部分用以生成安全、实时的无碰撞轨迹。

车辆控制子系统用以实现车辆的纵向车距、车速控制和横向车辆位置控制等,是车辆智能化的最终执行机构。"感知"和"决策规划"对应于自动驾驶系统的"智慧";而"车辆控制"体现了其"能力"[28]。

根据人与车辆控制介入程度的不同,美国汽车工程师协会(SAE)界定了五级自动驾驶方案,如图6-20所示:

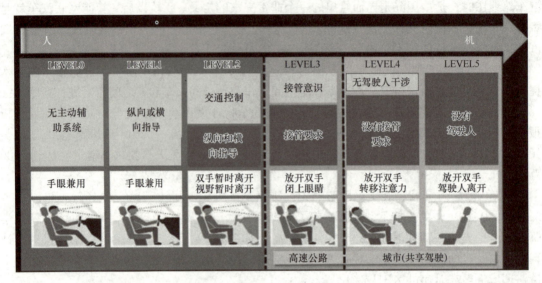

图 6-20　SAE 对自动驾驶的分级

L0 代表没有自动驾驶介入的传统人类驾驶。

L1 级能够对转向盘和加减速中的单项操作给予支持。如已广泛应用的自适应巡航(ACC)功能,即能够通过雷达探测与前车的实时距离自动控制加减速,从而保持与前车的安全距离。

L2 级能够同时对转向盘和加减速中多项操作给予支持,如汽车除具备 L1 级描述的自适应巡航外,同时还具备车道保持(LKA)功能,或者自动变道功能。

L3 级之前环境的观察者都是驾驶人,进入 L3 则意味着道路环境的观察和驾驶操作都由系统来完成,驾驶人只需对所有的系统请求进行应答。系统已经完全能够识别出直线、弯道、红绿灯、限速路牌、路上行走、奔跑的人、猫、狗等各种环境变量。比如突然下雨了,检测到地面湿滑是否需要减速;比如检测到前方车辆行驶过慢是否需要超车;检测到前方有人在车道较近处走动是否需要鸣笛提醒等,这些请求系统会反馈给驾驶人,由人来做决定。

L4 级驾驶操作和环境观察仍然都由系统完成,驾驶人只需要在某些复杂情况进行应答,比如只需要在某些复杂地形或者天气恶劣的情况时,才需要人对系统请求做出决策,而其他情况下系统能独自应付自动驾驶。

L5 级就是完全的自动驾驶状态,车上没有转向盘,没有制动,没有加速踏板,完全不需要驾驶人的介入。

目前在 ADAS 基础上,L2~L3 级别的自动驾驶将逐渐成为新车型的标配,L4~L5 的完全自动驾驶也在逐渐成熟[29]。

2016 年 3 月,联合国发布《国际道路交通公约》修正案,允许汽车在特定期间内进行自动驾驶。目前,世界各国都积极投入和支持无人驾驶技术,美国、欧盟、日本等发达国家在立法、技术研究、试验测试都走在世界前列[30]。另据商汤科技估计,全球自动驾驶渗透率会快速提升,预计到 2020 年,L1、L2 级自动驾驶渗透率将达 40%;到 2025 年,20% 以上量产汽车有望实现不同级别的智能驾驶;至 2040 年,所有新车都将配备自动驾驶功能,其中 L4、L5 级自动驾驶渗透率将达 50%。据投资银行瑞银集团(UBS)预计,到 2030 年自动驾驶技术将为全球带来高达 2.8 万亿美元的收入额。全球已有多家企业宣布在 2020 年前后推出无人驾驶汽车。自动驾驶汽车的全球市场份额需要花 15~20 年时间达到 25%,带有公路和交通堵塞自动驾驶功能的汽车将率先上路应用,高度或完全自动驾驶汽车在 2021 年到 2025 年能够上市,2026 年到 2030 年每辆车都应采用无人驾驶或辅助驾驶系统。

1. 自动驾驶汽车关键技术

具体来讲,自动驾驶汽车关键技术包括环境感知、精准定位、决策与规划、控制与执行、高精地图与车联网 V2X 以及自动驾驶汽车测试与验证技术,图 6-21 所示为自动驾驶的层级分布图。自动驾驶汽车首先通过摄像机、激光雷达、毫米波雷达、超声波等车载传感器来感知周围的环境,然后依据所获取的信息来进行决策判断,由适当的工作模型来制定相应的策略,如预测本车与其他车辆、行人等在未来一段时间内的运动状态,并进行避障路径规划。最后在规划好路径之后,

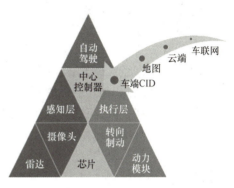

图 6-21 自动驾驶的层级分布图[29]

接下来需要控制车辆沿着期望的轨迹行驶。车辆控制系统包括横向控制(转向)与纵向控制(速度)[31],如图 6-22 所示。

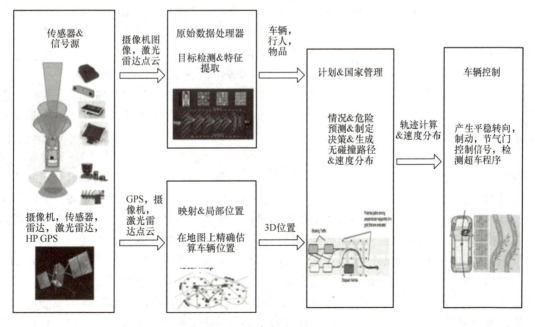

图 6-22 自动驾驶汽车体系的结构

（1）环境感知　环境感知作为其他部分的基础，处于自动驾驶汽车与外界环境信息交互的关键位置，是实现自动驾驶的前提条件，起着人类驾驶人"眼睛""耳朵""身体"的作用。环境感知技术是利用摄像机、激光雷达、毫米波雷达、超声波等车载传感器，以及 V2X 和 5G 网络等获取汽车所处的交通环境信息和车辆状态信息等多源信息，为自动驾驶汽车的决策规划进行服务。

智能网联汽车
的结构特点

自动驾驶汽车中配置的视觉传感器主要是工业摄像机，它是最接近于人眼获取周围环境信息的传感器。摄像机可以识别车辆行驶环境中的车辆、行人、车道线、路标、交通标志、交通信号灯等。它具有较高的图像稳定性、抗干扰能力和传输能力等特点。摄像机按照芯片类型可分为 CCD 摄像机和 CMOS 摄像机两种。

激光雷达是以发射激光束来探测目标空间位置的主动测量设备。根据探测原理，激光雷达分为单线（二维）激光雷达和多线（三维）激光雷达。激光雷达的技术门槛和成本较高。目前，激光雷达已经发展了三代产品，包括第一代机械扫描激光雷达、第二代混合固态激光雷达以及第三代纯固态激光雷达。第三代纯固态激光雷达可以使激光雷达的成本大幅度降低，使激光雷达在自动驾驶汽车上的应用能够普及。

毫米波雷达是指工作在毫米波波段、频率在 30～300GHz 范围内的雷达。根据测量原理不同，毫米波雷达可分为脉冲方式毫米波雷达和调频连续波方式毫米波雷达。

超声波传感器是利用超声波的特性研制而成的，工作在机械波波段，工作频率在 20kHz 以上。超声波雷达的数据处理简单快速，检测距离较短，多用于近距离障碍物检测。超声波具有频率高、波长短、绕射现象小、方向性好、能够成为射线而定向传播等优点。超声波雷达的不足在于距离信息不精准，一般用于精度要求不高的地方，如倒车雷达等。

总体来讲，环境感知技术有两种技术路线，一种是以摄像机为主导的多传感器融合方案，典型代表是特斯拉。另一种是以激光雷达为主导，其他传感器为辅助的技术方案，典型企业代表如谷歌、百度等。随着第三代纯固态激光雷达产品的量产面世，特别是成本的大幅降低，激光雷达在自动驾驶汽车上的应用将更加普及。

（2）精准定位　自动驾驶汽车的基础是精准导航，不仅需要获取车辆与外界环境的相对位置关系，还需要通过车身状态感知确定车辆的绝对位置与方位，目前常见的定位与导航系统有四种，分别是惯性导航系统、轮速编码器与航迹推算、卫星导航系统、SLAM 自主导航系统。

（3）决策与规划　自动驾驶汽车的行为决策与路径规划是指依据环境感知和导航子系统输出信息，通过一些特定的约束条件（如无碰撞、安全到达终点等），规划出给定起止点之间多条可选安全路径，并在这些路径中选取一条最优的路径作为车辆行驶轨迹。通常情况下，自动驾驶汽车的决策与规划系统主要包含路径规划和驾驶任务规划。目前，自动驾驶汽车主要使用的行为决策算法有基于神经网络、基于规则、结合两种的混合路线。

感知与决策技术的核心是人工智能算法与芯片。人工智能算法的实现需要强大的计算能力做支撑，特别是深度学习算法的大规模使用，对计算能力提出了更高的要求。随着人工智能业界对于计算能力要求的快速提升，进入 2015 年后，业界开始研发针对人工智能的专用芯片，通过更好的硬件和芯片架构，在计算效率上进一步带来大幅提升。目前，市场上采用的自动驾驶主流芯片主要分为两种，一种是英特尔-Mobileye 开发的 Mobileye® EyeQX™

系列车载计算平台。另一种是英伟达提供的 NVIDIA Drive PX 系列车载计算平台。

（4）控制与执行　自动驾驶汽车的车辆控制系统是自动驾驶汽车行驶的基础，包括车辆的纵向控制和横向控制。纵向控制即车辆的驱动与制动控制，是指通过对加速踏板和制动踏板进行调整，以使车速跟随期望车速，横向控制，即通过转向盘角度的调整以及轮胎力的控制，实现自动驾驶汽车的路径跟踪。车辆控制平台是无人车的核心部件，控制着车辆的各种控制系统。其主要包括电子控制单元（ECU）和通信总线两部分。ECU 主要用来实现控制算法，通信总线主要用来实现 ECU 与机械部件间的通信功能。

（5）高精地图与车联网 V2X　高精地图拥有精确的车辆位置信息和丰富的道路元素数据信息，起到构建类似于人脑对于空间的整体记忆与认知的功能，可以帮助汽车预知路面复杂信息，如坡度、曲率和航向等，更好地规避潜在的风险，是自动驾驶汽车的核心技术之一。高精地图相比服务于 GPS 导航系统的传统地图而言，最显著的特征是精准性和实时性，如图 6-23 所示。

图 6-23　高精度数字地图

V2X 表示 Vehicle to X，其中 X 表示基础设施（Infrastructure）、车辆（Vehicle）、行人（Pedestrian）、道路（Road）、网络（Network）等。V2X 网联通信集成了 V2I、V2V、V2P、V2R、V2N 相关关键技术。V2X 技术的实现一般基于 RFID、拍照设备、车载传感器等硬件平台。V2X 网联通信产业分为 DSRC 和 LTE-V2X 两个标准和产业阵营。2010 年美国颁布了以 IEEE 802.11P 作为底层通信协议和 IEEE 1609 系列规范作为高层通信协议的 V2X 网联通信标准。2015 年我国开始相关的研究工作，2016 年国家无线电委员会确定了我国的 V2X 专用频谱。2016 年 6 月，V2X 技术测试作为第一家"国家智能网联汽车试点示范区"及封闭测试区的重点布置场景之一。2017 年 9 月，《合作式智能交通系统车用通信系统应用层及应用数据交互标准》正式发布。

（6）自动驾驶汽车测试与验证技术　主要是实测、软件或模型在环仿真和硬件在环仿真。实测是指让车辆行驶数百万公里，以确定设计的系统是否安全并按照预期运行，该方法的困难在于必须累积的测试里程数要花费大量的时间；软件或模型在环仿真是指将现实世界的测试与仿真相结合，在仿真软件所构建的各种场景中，通过算法控制车辆进行相应的应对操作，来证明所设计的系统确实可以在各种场景下做出正确的决定，这可以大大减少必须完成的测试里程数；硬件在环仿真是指为了验证真实硬件的运行情况，硬件在环仿真可以对其进行测试，并将预先记录的传感器数据提供给系统，此种技术路线可以降低车辆测试和验证的成本。

2. 国外智能网联汽车技术发展

美国凭借信息技术的领先优势，将发展智能网联汽车作为一项重点工作内容，并全面布局各关键技术领域，配合硅谷企业超强的创新能力和整合能力，使自动驾驶汽车获得了快速发展。美国2009年,谷歌创建了自动驾驶汽车项目;2010年经由《纽约时报》,正式对外公布正在研究全自动驾驶汽车(SAE Level 4及以上);2012年谷歌自动驾驶汽车获得美国内华达州颁发的首批执照;2013年正式开始复杂情况下的城市道路实测,以及设计了Firefly(萤火虫)原型车并进行系列改装;2015年公司重组Alphabet,开始和汽车制造商FIAT合作,不再亲自制造汽车;2016年成立专注研究并商业化自动驾驶技术的独立实体公司Waymo,同年,美国发布了《联邦自动驾驶汽车政策指南》;2017年拿到美国高速公路安全管理局(NHTSA)的认定文件,开启真人乘车试验,同年9月美国交通部发布《自动驾驶系统2.0:安全愿景》,取代了之前的指南,同月美国众议院通过了美国首部自动驾驶汽车法案(H. R. 3388),对各州的碎片化法规做统一管理。截止到2017年年底,华盛顿特区和21个州先后通过了关于自动驾驶汽车的立法,2018年谷歌在亚利桑那州拿到美国首个商用自动驾驶打车服务执照。

目前,美国的两大无人驾驶测试示范区位于东部的底特律和西部的硅谷,共四个示范区,其中东部的密歇根大学是世界上第一座测试无人驾驶汽车、V2V/V2I车联网技术而打造的无人驾驶试验区,并为5G智能交通系统提供了试验环境。2018年,美国发布《准备迎接未来交通,自动驾驶汽车3.0》作为自动驾驶产业指导性纲领,引导自动驾驶和智能交通融合发展。Wayne、UberTesla、通用等公司代表了美国自动驾驶领域领先水平,自动驾驶测试示范工作进展快速,测试里程世界领先[30,32]。2017年加州DMV(Department of Motor Vehicles)自动驾驶报告披露的数据显示,Waymo的车队规模、路测里程和人工干预周期上均保持领先,特别是人工干预周期,达到了9006km/次,第二名的GM为2018km/次,图6-24所示为2017年加州DMV报告披露路测成绩。通过报告可以看到,车队规模大,路测里程越长,干预周期越长。2018年,Wayne无人驾驶公路行驶里程突破1600万km,并推出无人驾驶出租车收费服务,探索商业化运作,创造了又一个里程碑[29,30]。

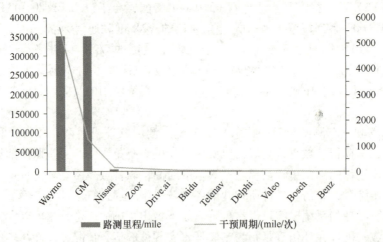

图6-24 2017年加州DMV报告披露路测成绩

2014年,欧盟携欧洲十几家整车制造商和零配件供应商共同推出"Adaptive"(智能车辆自动驾驶应用和技术)项目,旨在开发能在城市道路和高速公路上行驶的部分或完全自动化汽车。先后发布一系列政策以及自动驾驶路线图等,推进智能网联汽车的研发和应用,引导各成员国智能网联汽车产业发展。2018年发布的《通往自动化出行之路:欧盟未来出行战略》,提出到 2030 年普及完全自动驾驶。目前,欧委会已开始制定保障安全通信和数据互通的法规,以及自动驾驶汽车的人工智能开发相关伦理指引等,并为所需基建提供资金援助。

德国,在欧盟最早推出无人驾驶汽车概念车。2014 年,在高速公路、城市和乡间道路上进行无人驾驶汽车的实地测试。2017 年 5 月,德国联邦参议院通过首部关于自动驾驶法律,允许汽车自动驾驶系统未来在特定条件下代替人类驾驶。2017 年 9 月,德国联邦交通部的伦理委员会率先研究提交了世界上第一份自动驾驶指导原则[30]。

2017 年 7 月 11 日在西班牙巴塞罗那举行的奥迪首届全球品牌峰会上,正式发布新一代奥迪 A8,该车是全球首款实现 Level 3(SAE)级别自动驾驶的量产车。在全新奥迪 A8 上,全车共有 12 个超声波传感器、4 个全景摄像头、1 个前置摄像头、4 个中程雷达、1 个红外摄像机,如图 6-25 所示[33]。官方将该自动驾驶系统命名为"奥迪 AI 交通拥堵驾驶系统"(Audi AI Traffic Jam Pilot)。新车引入了一个"Audi AI"操作按钮来开启自动驾驶功能,它允许车辆在低于时速 60km 的情况下由系统完全接管驾驶。届时,汽车将自主完成加速、制动和转向等驾驶操作。奥迪官方强调,驾驶人将不再需要在这个时候保持对车辆情况的监控,而是可以双手离开转向盘,真正实现车辆在特定场景下的完全自动驾驶。如果车辆判断这一情况下不能自主完成安全驾驶,会提醒驾驶人接管转向盘[34]。

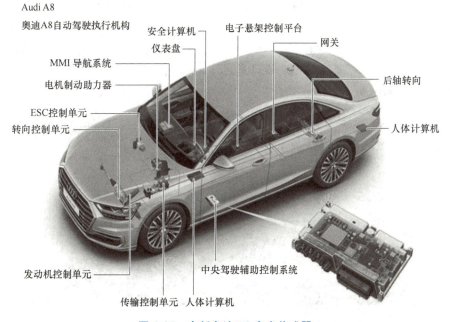

图 6-25　全新奥迪 A8 车身传感器

宝马进军自动驾驶领域始于 2014 年 9 月与百度的合作。2015 年年底宝马与百度合作研发的自动驾驶车辆顺利完成城市路况及高速路况混合测试,测试地点为北京,测试车型为宝马 3 系 GT。2016 年 7 月宝马、以色列辅助驾驶研发公司 Mobileye 及英特尔宣布合作,将联合研发制造自动驾驶电动车 iNext,计划于 2021 年推出,取代 7 系成为旗舰轿车。英特尔提供芯片可以提高车辆的运算速度,Mobileye 提供智能行车预警系统。宝马表示,未来该平台研发成功后将向汽车、科技公司开放。2017 年 1 月 5 日,三家企业在 CES(国际消费电子展）发布会上联合宣布，约 40 辆宝马自动驾驶汽车于 2017 年下半年开始路测，这些宝马 7 系列汽车将采用英特尔和 Mobileye 技术，从美国和欧洲开始全球路测之旅。在 2019 年 10 月 22 日至 25 日举办的 2019 世界智能网联汽车大会上，宝马集团展示了其在自动驾驶领域的最新成果，并在会场实地进行了宝马 7 系 L4 级别自动驾驶的公开演示，如图 6-26 所示为其宝马 7 系 L4 级别自动驾驶测试车。

图 6-26　宝马 7 系 L4 级别自动驾驶测试车[35]

奔驰的自动驾驶实验始于 2013 年，2015 年 6 月宣布 2016 款 E 级轿车将可以实现完全自动驾驶。2015 年 1 月奔驰在 CES 发布 F015 Luxury in Motion 自动驾驶概念车，3 月在美国旧金山进行路试，计划于 2030 年推出。2016 年 7 月，奔驰旗下一款名为"未来巴士（Future Bus）"的自动驾驶巴士在荷兰阿姆斯特丹进行了测试，该车搭载了公司最新的自动驾驶系统 City Pilot[37]，如图 6-27 所示。

图 6-27　戴姆勒未来巴士（后有彩图）

瑞典 AstaZero 是欧洲现有最大的智能车测试场，于 2014 年 8 月正式开放安全技术综合试验，该测试场拥有拥挤的城市道路、高速公路、多车道并行路况、环岛以及交叉路口，主要用于测试防止事故发生的主动安全系统与探索未来安全技术，如图 6-28 所示为瑞典 AstaZero 全景图。2017 年 5 月，瑞典发布一项关于自动驾驶汽车开展测试的法令，由瑞典运输机构负责审查并有条件地授予许可证[30]。

2014 年 8 月，新加坡成立自动驾驶汽车动议委员会，用于监管自动驾驶汽车的研究和测试。2016 年 8 月，世界上首个自动驾驶出租车 NuTonomy 公司在新加坡正式开始营运载客，如图 6-29 所示。2017 年年初，新加坡的自动驾驶穿梭巴士服务开始运营。2017 年年底，开通了一条自动驾驶测试路线，允许自动驾驶车在许可范围内进行公共道路测试。

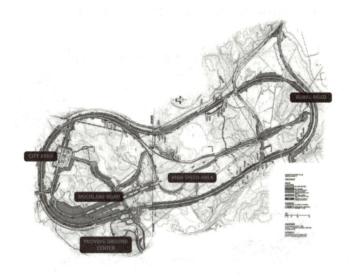

图 6-28 瑞典 AstaZero 全景图[38]

日本政府也积极发挥跨部门协同作用，推动智能网联汽车项目的实施，在 2013 年推进的复兴计划里启动了自动驾驶相关项目，并在"自动驾驶系统研发计划"中提出，到 2030 年实现完全自动驾驶汽车的目标。2016 年 5 月，日本 IT 综合战略本部制定了自动驾驶普及路线图，将在 2020 年允许无人驾驶的乘用车在部分地区上路；同月，日本警察厅颁布《自动驾驶汽车道路测试指南》，

图 6-29 全球第一辆无人驾驶的士（后有彩图）

并启动修订《道路交通法》和《道路运输车辆法》；2017 年 4 月，政府将自动驾驶期间的交通事故列入汽车保险的赔付对象；2017 年 6 月，日本警察厅发布《远程自动驾驶系统道路测试许可处理基准》，允许汽车在驾驶位无人的状态下进行上路测试。2018 年，日本发布《自动驾驶汽车安全技术指南》，规定了 L3、L4 级自动驾驶汽车必须满足的一系列安全条件，加快推进本土汽车厂商对自动驾驶技术的进一步开发，并计划探讨自动驾驶相关国际标准的制订。

日本汽车厂商丰田、本田和日产等已在高精度三维地图等领域展开合作研究，推进自动驾驶技术研发，确立技术标准。电装、瑞萨电子和松下等零部件厂商也在地图、通信和人机工程等领域展开合作。自动驾驶科技公司有 ZMP、DeNA、PKSHA 等，数量相对较少，大部分是通过智能软件算法切入自动驾驶领域，其资金来源于本国汽车主机厂，步伐相对稳健[32]。

3. 中国智能网联汽车技术发展

（1）我国科研院校对无人驾驶汽车的研究　中国在无人驾驶汽车方面的研究开始于从 20 世纪 80 年代末，不同于国外车企以自主研发为主，我国汽车制造厂商多采取与国内科研院所、高校合作研发无人驾驶技术，如图 6-30 所示为中国无人驾驶汽车发展历程[31]。

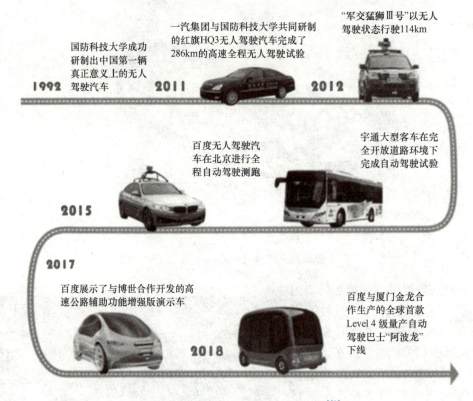

图 6-30　中国无人驾驶汽车发展历程[31]

国防科技大学从 20 世纪 80 年代末开始先后研制出基于视觉的 CITAVT 系列智能车辆。其中，在 CITAVT-Ⅰ、CITAVT-Ⅱ型无人驾驶小车研制过程中对无人驾驶汽车的原理进行了研究；CITAVT-Ⅲ型研究以实现在非结构化道路下遥控和自主驾驶为目的；CITAVT-Ⅳ型自主驾驶车基于 BJ2020SG 吉普车改装而成，该车型以研究结构化道路环境下的自主驾驶技术为目标，空载条件下速度最高为 110km/h，车辆具有人工驾驶、遥控驾驶、非结构化道路上的低速自主驾驶和结构化道路上的自主驾驶四种工作模式。直至 1992 年，国防科技大学才成功研制出中国第一辆真正意义的无人驾驶汽车。

清华大学在国防科工委和国家 863 计划的资助下，从 1988 年开始研究开发 THMR 系列智能车。THMR-Ⅴ智能车能够实现结构化环境下的车道线自动跟踪，准结构化环境下的道路跟踪，复杂环境下的道路避障、道路停障以及遥控驾驶等功能，最高车速达 150km/h。THMR-Ⅴ智能车采用了基于扩充转移网络的道路识别技术，大幅度降低了道路图像处理和车道线识别的计算量，并通过实验测得在车道线跟踪阶段全部计算过程的周期少于 20ms，这保证了实际场景下的实时性要求。

2012 年，军事交通学院的"军交猛狮Ⅲ号"以无人驾驶状态行驶 114km，最高时速为

105km/h。该车装有由 5 个毫米波雷达、3 个摄像机和 1 个 GPS 传感器组成的视听感知系统，能够帮助无人驾驶车辆识别路况，精确判断与前后左右障碍物的距离。

（2）我国汽车制造厂商对无人驾驶汽车的研究　一汽集团于 2007 年与国防科技大学开始合作。2011 年 7 月，由一汽集团与国防科技大学共同研制的红旗 HQ3 无人驾驶汽车完成了 286km 的面向高速公路的全程无人驾驶试验，人工干预的距离仅占总里程的 0.78%。2015 年 4 月，一汽集团正式发布了其"挚途"技术战略，标志着一汽集团的互联智能汽车技术战略规划正式形成。2015 年 4 月 19 日，一汽在同济大学举行了"挚途"技术实车体验会，包含手机叫车、自主泊车、拥堵跟车、自主驾驶等四项智能化技术。

2015 年 4 月，长安汽车发布智能化汽车"654 战略"，即建立六个基础技术体系平台，开发五大核心应用技术，分四个阶段逐步实现汽车从单一智能到全自动驾驶。

2015 年 8 月，宇通大型客车从郑开大道城铁贾鲁河站出发，在完全开放的道路环境下完成自动驾驶试验，共行驶 32.6km，最高速度为 68km/h，全程无人工干预，为了保障安全，客车上还配备了驾驶人。这也是国内首次大型客车高速公路自动驾驶试验。2018 年 5 月，宇通客车在其 2018 年新能源全系产品发布会上宣布，已具备面向高速结构化道路和园区开放通勤道路的 Level 4 级别自动驾驶能力。

北汽集团在 2016 年 4 月的北京车展上，展示了其基于 EU260 打造的无人驾驶汽车。车辆通过加装毫米波雷达、高清摄像机、激光雷达和 GPS 天线等零部件识别道路环境，同时配合高清地图进行路径规划实现无人驾驶。北汽无人驾驶汽车目前搭载的无人驾驶感知与控制设备大部分都采用了国产化采购，目的是为未来量产打下基础。

（3）中国高科技公司对无人驾驶汽车的研究　除了上述科研院所和传统的汽车制造厂商在无人驾驶领域的研究外，以百度为代表的高科技公司也相继加入了无人驾驶汽车领域的研究。百度公司于 2013 年开始了百度无人驾驶汽车项目，其技术核心是"百度汽车大脑"，包括高精度地图、定位、感知、智能决策与控制四大模块。2015 年 12 月初，百度无人驾驶汽车在北京进行自动驾驶测跑，实现多次跟车减速、变道、超车、上下匝道、调头等复杂驾驶动作，完成了进入高速到驶出高速不同道路场景的切换，最高车速达到 100km/h。

2015 年 12 月 14 日，百度宣布正式成立自动驾驶事业部。2017 年 4 月 17 日，百度展示了与博世合作开发的高速公路辅助功能增强版演示车。2018 年 7 月 4 日，百度在第二届百度 AI 开发者大会（Baidu Create 2018）上宣布，与厦门金龙合作生产的首款 Level 4 级自驾巴士"阿波龙"已经量产下线，这一批次的 100 辆车接下来会被投放到北京、深圳和武汉等城市，在机场、工业园区、公园等行驶范围相对固定的场所开始商业化运营。2019 年年初，百度准备与日本软银旗下的 SB Drive 合作，将 10 辆"阿波龙"投放到包括东京在内的多个日本城市。这款无人驾驶巴士是基于百度的阿波罗自驾车开放平台（3.0 版本）。除了能在某些特定条件下实现无人工介入的自动驾驶，其还加入了自动泊车、面部识别及驾驶人疲劳度检测等功能。另外，在大会现场百度还宣布会与英特尔合作，将 Mobileye 的责任敏感安全模型（Responsibility Sensitive Safety）及周围计算机视觉套件整合入阿波罗，希望以此来进一步提升该平台的行车安全性。

6.4.2　智能共享出行技术发展

放眼国际，智能共享出行已成为当前国际城市发展的热点方向，而智能驾驶技术的进步，则是智能共享出行模式广泛实现的核心动力。从某种层面上讲，共享出行与自动驾驶可以说是天生一对。共享汽车会最大化利用一辆车的价值，进而减少私家车数量，同时结合自动驾驶背后的智能调度等技术，可以最大化程度减少拥堵，智能停车等技术的应用也可以避免汽车找车位的巡航。腾讯发布的汽车行业人工智能报告指出，自动驾驶若普及，将改变整个汽车业态，无人驾驶出租车凭借着更高的载客时间和更低的成本，会颠覆出租车市场，自动驾驶还会改善城市空间布局，节省 40% 的停车空间，平均减少 30% 的交通堵塞时间，这也将间接降低城市空气污染，增加城市绿化用地[39]。普华永道预测到 2030 年左右，共享出行的无人驾驶汽车里程会占到汽车总行驶里程的 25%～37%，如图 6-31 所示。

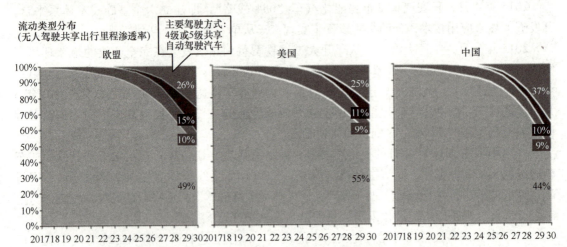

图 6-31　普华永道对 2030 年中国、美国、欧盟无人驾驶共享出行里程渗透率的预测

电动化、自动驾驶汽车和共享出行这三大趋势逐渐交融，促使目前不论是传统的汽车制造企业，还是信息通信领域的领军企业、新兴的高科技公司，乃至像 Uber、滴滴这样的从事出行服务的行业巨头，都纷纷投入自动驾驶汽车技术研发和共享出行服务应用的布局。

2016 年，美国交通运输部发布《Mobility City》报告，希望将底特律从"汽车之城"转型为高效率的"出行城市"，并通过采用自动驾驶技术为市民提供公平且更加清洁、高效的出行解决方案。在加拿大多伦多，谷歌公司旗下的 Sidewalk Labs 公司自 2017 年起在城市东部试点打造新型智慧社区 Sidewalk Toronto，其交通领域的核心措施是利用共享电动汽车、自动驾驶先进科技等手段建立与私人小汽车同样便捷且更为低廉的交通系统，旨在大幅提高未来步行、自行车和公共交通的出行分担率，而将小汽车出行比例由现状的 54% 下降至未来的 15%，并将私家车拥有率控制在 20% 左右。新加坡政府于 2014 年启动了"智慧国家 2025"计划，明确提出积极探索自动驾驶技术在交通领域特别是公交系统中的应用。新加坡国立大学和新加坡-麻省理工研究和技术联盟合作于 2016 年展示了一辆四驱自动驾驶的"人员机动性设备"原型车用于测试应用。滨海湾花园同 ST 工程公司携手合作，推出了亚洲首款投入使用的自动驾驶汽车"Auto Rider"，旨在公园内部加强连接性，为访客服务。此外，新加坡宣布第一批无人驾驶公交车将于 2022 年在三个新建居民区的非高峰时段试运营，作为传统公交系统的补充。

传统的汽车制造厂主要的商业模式是制造、销售以及维修汽车，在共享出行+无人驾驶汽车的模式普及后，制造厂需要向出行服务公司转型，或者介入出行服务环节。此外，出行服务行业企业（如滴滴）等也可能会在某种程度介入汽车研制环节。正因如此，一些汽车制造企业已在提前布局，由销售汽车向销售出行服务转型，并积极投入自动驾驶汽车技术和产品的研发。现如今，几乎每一家汽车OEM和主要供应商都有一个自动驾驶项目正在筹备中，数十家传统竞争对手与科技新锐正在争夺这个市场的主导地位[39]，如图6-32所示。

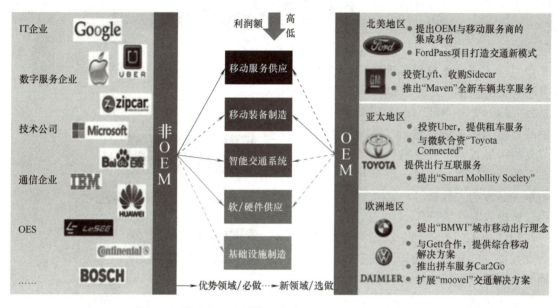

图 6-32　汽车企业和科技巨头纷纷进入智能共享出行领域

自2018年以来，许多公司和地区陆续宣布自动驾驶出租车服务计划。本田、通用汽车和Cruise宣布计划携手开发自动驾驶技术，把适用于多场合的自动驾驶汽车投入量产以实现在全球市场的部署；在迪拜，首辆自动驾驶出租车已于2018年10月开始正式上路测试。

日本丰田公司也在积极布局向"移动出行服务公司"的转型，在2018年的CES电子消费展上丰田公司推出了全新的共享出行概念平台"e-Palette"，如图6-33所示，通过不同底盘+不同车厢的组合，可以提供不同使用场景，包括共享乘车、商品零售和货物运送等多方面的用途，不需要专职驾驶人，还能在一天之内完成多次"角色转换"。e-Palette Concept自动驾驶电动车将依托于丰田此前开发的移动服务平台（Mobility Service Platform，MSPF），并搭载丰田的高级辅助驾驶系统"Guardian"，将在2020年东京奥运会和残奥会期间投入使用。目前 e-Palette已经和必胜客、Uber、亚马逊以及滴滴达成合作。

2018年，大众集团、英特尔旗下的Mobileye公司和以色列 Champion Motors 共同宣布将在以色列部署自动驾驶电动汽车叫车服务的计划，为接下来的全球推广做准备。这项服务于2019年年初开始，到2022年全面投入运作，将从最初的几十辆汽车发展至数百辆自动驾驶电动汽车。Mobileye将为此服务提供L4级自动驾驶"套件"，即几乎在任何情况下都可以启用汽车的自动驾驶模式。与全球其他正在进行的项目有所区别，此项目并非一个试点项目，而是一个由机器运行的完整的商业用车服务。Mobileye联合其他两家公司部署的自动驾驶叫车服务将从以色列为起点向全球推广。

腾讯、阿里、百度、华为、四维图新等科技企业在数字化技术上占据一定优势，正积极赋能和进入智能共享出行领域。腾讯从车联网切入对自动驾驶的研发，搭建车联开放平台，成立自动驾驶实验室。阿里依托汽车出行直接相关的高德、千寻、斑马网络，进入共享出行平台及相应的支付、地图、定位、车联网等环节。百度开发了自动驾驶汽车平台"Apollo"，并在积极推动 RoboTaxi 自动驾驶出租车的道路测试。华为则依托强大的 ICT 技术能力，在积极推动车辆的数字化和车路协同。四维图新依托成立的四维智联，可提供从云平台到操作系统，到地图、导航、手车互联、内容服务、云端大数据等一套完整的智能网联解决方案。

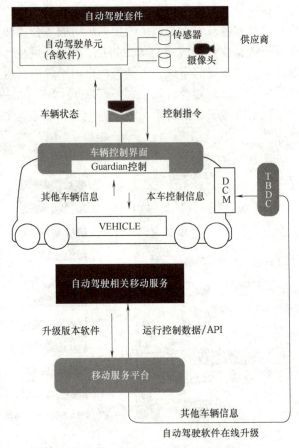

图 6-33　丰田 e-Palette 平台架构

2017 年 12 月，"阿尔法巴智能驾驶公交系统"在深圳试运行。国家智能交通系统工程技术研究中心和深圳巴士集团研发推出阿尔法巴智能公交系统。该智能驾驶公交系统能够实时对其他道路使用者和突发状况做出反应，已初步实现自动驾驶下的行人车辆检测、减速避让、紧急停车、障碍物绕行变道、自动按站停靠等功能，如图 6-34 所示。

2018 年 3 月，百度与金龙客车打造的中国首款无人驾驶微循环巴士"阿波龙"首次面对公众开放试乘，逾千名市民参与体验，如图 6-35 所示。

图 6-34　阿尔法巴智能驾驶公交系统[40]（后有彩图）

图 6-35　阿波龙[41]（后有彩图）

百度 Apollo 自动驾驶共享汽车于 2018 年 5 月在重庆市自动驾驶示范开放试运行。6 台搭载了百度 Apollo 开放平台 Valet Parking 产品的自动驾驶共享汽车在重庆"百度-盼达自动驾驶示范园区"投入为期 1 个月的定向试运营。该示范项目通过"车找人""车找位"等示范，可以明显提升用户体验，如图 6-36 所示。

图 6-36　百度自动驾驶共享汽车"车找人""车找位"示范测试

2018 年 5 月，百度与盼达用车合作的自动驾驶共享汽车在重庆启动试运营，6 台搭载了百度 Apollo 开放平台 Valet Parking 产品的自动驾驶共享汽车，在重庆两江新区互联网产业园"百度-盼达自动驾驶示范园区"投入为期约 1 个月的定向试运营，市民可用手机 APP 召唤共享汽车，搭载自动驾驶系统的共享汽车可以识别红绿灯、避让障碍物和行人，自行开到指定地方等候，还车时可自动停车和充电。百度与盼达合作的自动驾驶共享汽车试运营在中国尚属首例。

在智能物流方面，京东、苏宁、阿里等企业开展了相关的无人驾驶示范测试。从 2017 年开始，京东便启动了无人配送车在中国人民大学、清华大学等高校的示范运营，2018—2019 年，京东联合相关车企开展了无人驾驶货车、无人驾驶卡车的研发和示范测试工作。2018 年 5 月，苏宁物流在盐城和上海等地进行无人货车"行龙一号"道路测试，这是苏宁物流与智加科技联合推出的达到 L4 级别无人驾驶能力的重型货车，如图 6-37 所示。

图 6-37　京东无人配送车、苏宁无人驾驶货车道路测试

湖南长沙智能驾驶示范区自 2018 年 6 月启用，目前已为 38 个企业 86 款车型提供了 1800 余场测试服务，累积测试里程达 60000km。其中，中车开展了无人驾驶的智能公交示范，涉及 L3 级自动驾驶公交车运营、道路基础设施的智能化改造、多种智能共享出行场景的应用，如图 6-38 所示。

2018 年 9 月，无锡建成了现阶段全球最大规模的城市级车联网 LTE-V2X 网络，覆盖无锡市主城区、新城主要道路 240 个信号灯控路口，共 170km^2 的规模。这 240 个信号灯控路口的信号配时数据，无锡市交警支队全部开放给示范项目，从而为车辆最佳速度建议，救护

图 6-38　湖南长沙基于 L3 级自动驾驶的智能公交和智慧公路示范

车等车辆的信号优先提供基础，无锡市的高德地图用户在 APP 上也可以获取信号灯倒计时数据，为驾驶人优化驾驶行为提供支撑。项目以"人-车-路-云"系统协同为基础，开放 40 余项交通管控信息，实现 V2I/V2V/V2P 信息服务，覆盖车速引导、救护车优先通行提醒、道路事件情况提醒、潮汐车道、电单车出没预警等 27 个典型应用场景。未来，LTE-V2X 技术将能支撑实现高级自动驾驶、人车路协同感知和控制，让道路更智慧，让开车更简单[39]，如图 6-39 所示。

图 6-39　江苏（无锡）车联网示范应用先导区数字化基础设施

2019 年 7 月，百度与红旗联合打造的量产 L4 级自动驾驶出租车 Robotaxi 红旗 E·界已经在长沙亮相，并开展示范应用，如图 6-40 所示。

2019 年 9 月，国家智能网联汽车（武汉）测试示范区正式揭牌，其中百度、海梁科技、深兰科技拿到全球首张自动驾驶商用牌照。这几家企业主要都是集中在公交车和出租车领域，可以实现 L4 级的自动驾驶。其中，百度提供的是 RoboTaxi 服务，深兰科技和梁海科技提供的是自动驾驶公交车服务。深兰科技的熊猫智能公交车则早在广州、天津、常州等多座城市进行了试运营，这意味着，它们不仅可以在公开道路上进行载人测试，也可以进行商业化运营。同时，这也意味着武汉率先迈出无人驾驶商业化应用的关键一步。

2020 年 2 月，多家企业的无人驾驶设备投入使用，在保护医护人员和患者的"抗疫"工

图 6-40　Robotaxi[42]（后有彩图）

图 6-41 2020 年新型冠状病毒肺炎"抗疫"中投入使用的无人驾驶设备[43,46]（后有彩图）

作中，发挥了重要作用，如图 6-41 所示。广州赛特智能研发的服务机器人在广东省人民医院使用，其搭载了实现无人驾驶所需的硬件设备和软件系统，能实现自主开关门、自主搭乘电梯、自主避开障碍物以及自主充电等功能。

尽管自动驾驶汽车仍然饱受质疑，但还是有很多人期待其能从根本上改变我们的交通出行方式。共享出行有很长的路要走，而自动驾驶汽车未来也将有很长的路要走，未来这两个领域在某一个时间点高度融合，那么这不仅是智能共享出行的一场革命，也将是自动驾驶汽车的一场革命，更是百年汽车史上的一次革命。

参 考 文 献

[1] 王海杰. 超级电容器电动车——城市公共交通现代化新模式 [J]. 城市车辆, 2009, 12: 30-32.
[2] 崔淑梅. 超级电容电动汽车的研究进展与趋势 [J]. 汽车研究与开发, 2005, 06: 31-36.
[3] 张玉龙. 超级电容在混合动力汽车中的应用发展 [J]. 长春工程学院学报, 2012, 13 (1): 53-56.
[4] 搜狐汽车. 超级电容器在电动汽车中的应用研究 [EB/OL]. [2016-06-06]. http://www.sohu.com/a/81135191_131990.
[5] 凤凰网科技. 史上最快兰博基尼亮相, 搭载麻省理工学院研发的超级电容器, 售价超 2500 万元 [EB/OL]. [2019-09-12]. https://tech.ifeng.com/c/7pub1iTOcwi%E3%80%82.
[6] 太平洋汽车网. 兰博基尼 Sian 官图 全新混动超跑/2.8 秒破百 [EB/OL]. [2019-09-03]. https://www.pcauto.com.cn/nation/1794/17940541.html.
[7] 阚卫峰. 上海公交百年庆典资料集 21 世纪客车新技术展望论文集, 新世纪新能源技术的应用开发——"申科"号超级电容公交车及其他新能源车辆研究 [C]. 2008.
[8] 中国客车网. 影响中国客车业 上海超级电容公交车十年应用经验分享 [EB/OL]. [2016-11-09]. http://www.chinabuses.com/keyun/2016/1109/article_75151.html.
[9] 崔薇薇. 车用飞轮储能系统研究 [D]. 哈尔滨: 哈尔滨工程大学, 2011.
[10] 慧科网. 飞轮电池非一般的电池 [EB/OL]. [2016-06-24]. http://www.huikex.com/kjqbz/1790.htm.
[11] 简书. 飞轮混合动力系统技术跟踪研究 [EB/OL]. [2017-12-01]. https://www.jianshu.com/p/65b45415602d.
[12] 戴兴建. 先进飞轮储能电源工程应用研究进展 [J]. 电源技术, 2009 (33): 1026.

[13] 海科新能源. 飞轮混动系统-发展历程 [EB/OL]. [2019-12-20]. http://chk-net.com/product.asp?id=9.

[14] 百度百科. "太阳能电池"词条 [EB/OL]. [2020-01-01]. https://baike.baidu.com/item/%E5%A4%AA%E9%98%B3%E8%83%BD%E7%94%B5%E6%B1%A0/3155066? fr=aladdin.

[15] 中国青年报. 瑞士中学教师驾太阳能车环游全球 已到25个国家 [EB/OL]. [2008-06-27]. http://energy.people.com.cn/GB/71891/7434258.html.

[16] 孙宝明. 新能源汽车的节约技术分析 [J]. 工业技术, 2019, 2: 81-82.

[17] 腾讯汽车. Lightyear展示太阳能电动汽车 可续航725公里 [EB/OL]. [2019-06-26]. https://auto.qq.com/a/20190626/001492.htm.

[18] 百家号/超跑名车汇. 迎着阳光前行: 世界上第一辆远程太阳能轿车——光年一号 [EB/OL]. [2020-02-27]. https://baijiahao.baidu.com/s?id=1659615554560839864&wfr=spider&for=pc.

[19] 车家号. 来自"光年"的新星, Lightyear One电动车正式公布! [EB/OL]. [2019-06-26]. https://chejiahao.autohome.com.cn/info/4104618.

[20] 普利司通官网. [EB/OL]. [2020-01-20].

[21] 全球节能环保网. 日本电池技术将接受世界最大太阳能车赛的考验 [EB/OL]. [2011-08-30]. http://gesep.com/news/show_2_300259.html.

[22] 世纪新能源网. 日本东海大学在全球赛程最长的太阳能车赛上夺冠 [EB/OL]. [2012-10-04]. https://www.ne21.com/news/show-32497.html.

[23] cnBeta. 2019世界太阳能汽车挑战赛落幕: 比利时的Agoria Solar团队获胜 [EB/OL]. [2019-10-18]. https://www.cnbeta.com/articles/tech/900565.htm.

[24] 爱卡汽车. 终极环保车 汉能发布全太阳能动力汽车 [EB/OL]. [2016-07-03]. https://www.cnbeta.com/articles/tech/900565.htm.

[25] 百度百科. "汉能移动能源控股集团有限公司"词条 [EB/OL]. [2019-11-28]. https://baike.baidu.com/item/%E6%B1%89%E8%83%BD%E7%A7%BB%E5%8A%A8%E8%83%BD%E6%BA%90%E6%8E%A7%E8%82%A1%E9%9B%86%E5%9B%A2%E6%9C%89%E9%99%90%E5%85%AC%E5%8F%B8/23233809? fr=aladdin.

[26] 百度百科. "智能网联汽车"词条 [EB/OL]. [2018-12-25]. https://baike.baidu.com/item/%E6%99%BA%E8%83%BD%E7%BD%91%E8%81%94%E6%B1%BD%E8%BD%A6/22407390? fr=aladdin.

[27] 百度百科. "无人驾驶汽车"词条 [EB/OL]. [2020-01-01]. https://baike.baidu.com/item/%E6%97%A0%E4%BA%BA%E9%A9%BE%E9%A9%B6%E6%B1%BD%E8%BD%A6/77997? fr=aladdin.

[28] 中国人工智能学会: 《中国人工智能系列白皮书——智能驾驶2017》 [R].

[29] 国金证券. 自动驾驶的时代已经开始到来——自动驾驶系列报告之一: 综合篇 [R].

[30] 搜狐汽车. 为规范智能网联汽车发展, 国内外有哪些措施? 面临哪些挑战? [EB/OL]. [2018-05-09]. http://www.sohu.com/a/231001106_601552.

[31] 清华-中国工程院知识智能联合实验室. 人工智能之自动驾驶研究报告 (前言版) 2018 (7). [R].

[32] 搜狐汽车. 赢在未来, 美欧日加速自动驾驶发展, 且看国外智能网联汽车如何发展? [EB/OL]. [2019-09-06]. https://www.sohu.com/a/338932040_118980.

[33] 第一电动. 奥迪A8的L3自动驾驶分析: 安全级别也跟着上升 [EB/OL]. [2018-07-26]. https://www.d1ev.com/kol/73060.

[34] 搜狐汽车. 全球首款L3自动驾驶的量产车 奥迪A8正式发布 [EB/OL]. [2017-07-12]. https://www.sohu.com/a/156440508_455835.

[35] 新京报. 宝马自动驾驶测试车亮相世界智能网联汽车大会 [EB/OL]. [2019-10-24]. https://baijiahao.baidu.com/s?id=1648236725662209268&wfr=spider&for=pc.

[36] 搜狐汽车. 全球第一辆 L3 级自动驾驶汽车, 奥迪 A8 最大的敌人是谁? [EB/OL]. [2017-09-11]. https://www.sohu.com/a/191167110_99895226.

[37] 华创证券. 自动驾驶行业系列报告之一 自动驾驶商业化进程加速, 全产业链迎来重大发展机遇. [R].

[38] 搜狐汽车. 国内外智能网联汽车试验场的发展现状|厚势汽车 [EB/OL]. [2018-03-22]. https://www.sohu.com/a/226150676_465591.

[39] 侯福深. 中国汽车智能共享出行发展报告 2019. [R]. 1-137.

[40] 百度. [EB/OL]. [2020-01-20]. http://image.baidu.com/search/detail?ct=503316480&z=0&ipn=d&word=%E9%98%BF%E5%B0%94%E6%B3%95%E5%B7%B4%E6%99%BA%E8%83.

[41] 百度百科. "阿波龙"词条 [EB/OL]. [2019-09-25]. https://baike.baidu.com/item/%E9%98%BF%E6%B3%A2%E9%BE%99?sefr=enterbtn.

[42] 百度. [EB/OL]. [2020-01-20]. https://image.baidu.com/search/detail?ct=503316480&z=0&ipn=d&word=Robotaxi%E2%80%94%E2%80%94%E7%BA%A2%E6%97%97.

[43] 广州赛特智能科技有限公司官网. [EB/OL]. [2020-01-20]. http://www.saiterobot.com/banyun.html.

[44] 搜狐网. 盘点抗击新冠肺炎的 AI 机器人企业（三）[EB/OL]. [2020-02-13]. https://www.sohu.com/a/372788214_468638.

[45] 新浪网. 低速无人驾驶的第一次大考 [EB/OL]. [2020-03-06]. https://tech.sina.com.cn/roll/2020-03-06/doc-iimxyqvz8240730.shtml.

[46] 瞭望. 新冠病毒肺炎疫情中的无人驾驶技术 [EB/OL]. [2020-02-05]. https://baijiahao.baidu.com/s?id=1657660364311638030&wfr=spider&for=pc.

附录

新能源汽车技术发展大事记

时间	事件
1752	美国人本杰明·富兰克林发现闪电和电类似,并首次在电学中应用了正负号
1807	瑞士人伊萨克·代·李瓦茨制成了单缸氢气内燃机
1834	苏格兰的罗伯特·安德森给四轮马车装上了电池和电动机,将其成功改造为世界上第一辆靠电力驱动的车辆[1]
1836	美国人托马斯·达文波特(Thomas Davenport)在1836年制做出了第一台实用的电机,用来驱动车床
1839	格洛夫爵士发明了氢氧气体电池
	光生伏特效应第一次由法国物理学家 A. E. Becquerel 发现
1841	英国颁发了第一个用氢气和氧气的混合气体工作的内燃机专利证
1842	达文波特和戴维森制造出第一辆有真正实用价值的电动汽车
1847	法莫制造了第一辆以蓄电池为动力源可携带两人的无导轨电动汽车
1852	慕尼黑的宫廷钟表技师制成一台用氢气-空气混合气体工作的内燃机
1861	巴奇诺帝发明环形直流电动机
1865	英国颁布了最早的机动车交通安全法规《红旗法》
1866	西门子研制成功第一台自激式发电机
1873	戴维森制造出第一辆可供实用的电动载货汽车
1875	第一个发电厂在法国落成
1879	第一座商业发电厂在美国旧金山落成
1881	法国工程师古斯塔夫·特鲁夫制造了世界上第一辆铅酸蓄电池电动三轮车
	福尔将氧化铅涂上电池的铅极板
1882	阿顿和培理制成一辆电动三轮车
	德音勒将57km外的水电厂电力输送到慕尼黑,成为世界上最早、最简单的远程供电系统
1883	第一块太阳电池由 Charles Fritts 制备成功
1887	伏尔克制造出一辆电动三轮轻便车
	本茨成立奔驰汽车公司
1888	华德发明了世界上第一辆电动公共汽车
1889	里克电动汽车公司成立
1890	里克制成了美国第一辆电动三轮车
1891	莫里斯制成了第一辆电动四轮车
1893	贝尔方丹建造了第一条水泥道路
1894	亨利·莫里斯和皮德罗·萨罗姆成立了电动客车与货车公司,把他们的第一辆车叫作电动运输车,出现在费城的街道
1896	电动汽车在世界首次场地赛"普罗维登斯汽车竞赛"中获胜
1897	德国纽伦堡第一辆电动消防车问世
	伦敦电动出租车公司成立
	博施第一个将磁电机点火装置用于汽车发动机上,大大提高了发动机效率和性能
1898	贝克机车公司成立

(续)

时间	事件
1899	奥地利汽车俱乐部首次举办 Exelberg 拉力赛
	法国人卡米勒·詹纳兹在设计了炮弹外形电动车，以 105.88km/h 的速度，刷新了内燃机汽车保持的速度记录
1900	波尔舍发明世界上第一辆四轮驱动的电动汽车
	法国达拉克汽车公司生产出其第一辆内燃机汽车
1903	福特创立福特汽车公司
1908	福特生产出 T 型车，这是世界上第一辆属于普通百姓的汽车
	弗里茨勒汽车和电池公司成立，并生产制造了续航 160km 的电动汽车
1910	通用汽车工程师发明了第一款车用起动机
1913	福特汽车开发出世界上第一条"T"型车流水线，世界汽车工业革命也由此开始
1916	贝克公司生产出最后一批电动轿车
1919	安德森电动汽车公司更名为"底特律电气公司"
1920	美国修筑了第一条全长为 191km 的高速公路
1939	底特律电气生产出最后一批车
1941	标致宣布其第一款城市轻型电动车"VLV"在索肖工厂下线
1947	韩国现代汽车公司成立
1959	Harry Karl Ihrig 开发了史上第一台燃料农用拖拉机 Allis-Chalmers
1964	日本四日市污染事件
1966	通用汽车（GM）开发了世界上第一辆燃料电池公路车辆——Chevrolet Electrovan
1969	美国制定《国家环境保护法案》
1970	美国成立环境保护局
	洛杉矶光化学烟雾污染事件
1971	日本通产省制定《电动汽车的开发计划》
	阿波罗 15 号计划首度奔驰在月球表面
1973	在华盛顿电动汽车展上首次展出 Citicar
	第四次中东战争爆发，直接导致了第一次石油危机
	日产汽车推出了 EV4-P，是世界上第一辆使用制动动能回收系统的同类车型，世界上第一辆进行碰撞测试的电动车
1974	Vanguard-Sebring 公司开始正式生产 Citicar
1975	美国邮政服务公司购买 350 辆电动吉普车用于试验运营
1978	世界上第一辆太阳能电池汽车在英国研制成功
1979	第二次石油危机爆发
1982	墨西哥研制出三轮太阳能汽车
1984	卡耐基梅隆大学研发了全世界第一辆真正意义的智能驾驶车辆
1985	现代第一代索纳塔诞生
1987	世界太阳能挑战赛由先驱赞助商南澳大利亚旅游委员会揭幕
1988	第三次石油危机爆发

(续)

时间	事 件
1990	美国加州出台《ZEV法案》
	美国的"先进电池联合体"提出电动汽车电池主要性能指标
	通用公司在洛杉矶车展上推出了Impact电动汽车
1991	法国SAFT公司与标致-雪铁龙集团开始合作研发电动汽车专用镍电池
	马自达开发并测试了第一辆氢动力转子发动机原型车,名为马自达HR-X
	日本东京电力公司和日本研究开发公司联合研制出"1ZA"豪华型电动汽车
	美国研制出世界上最早的燃料电池概念车Laser Cell TM
1992	索尼公司成功开发出锂电池
	国防科技大学成功研制出中国第一辆真正意义上的无人驾驶汽车
	德国吕根岛上建立电动汽车示范区
1993	巴拉德动力系统公司研制出世界上第一辆质子交换膜燃料电池公共汽车
1994	德国戴姆勒奔驰先后展出NECAR1-NECAR3燃料电池电动汽车和NEBUS燃料电池电动客车
1995	丰田发布了第一代普锐斯
	欧洲第一批电动汽车批量生产
	日产在东京车展上展示了第一款搭载锂离子电池的概念车FEV II
1996	日本政府通过了第一个电动汽车激励法案,鼓励政府、企业和个人购买电动汽车
	日产量产车型Prairie Joy EV正式推出,是世界上第一个使用圆柱体锂电池的电动车,第一辆到达北纬79°极寒地区的电动车
	俄罗斯的Eltran公司研制出以超级电容作为电源的电动汽车
	电动汽车的经典车型"EV1"在洛杉矶、圣地亚哥等地展销
1997	欧洲第一次对锂电池电动汽车的行驶性能测试在法国Poiton-Charentes地区进行
	丰田推出20辆RAV4电动旅行车并率先在加州、纽约和马萨诸塞州出售
	丰田开始出售E-com微型电动汽车
	《京都议定书》颁布
	本田公司开发出第一代混合动力系统IMA技术
1998	温哥华燃料电池汽车计划(VFCVP)启动
	福特汽车公司推出专用于邮政运输的Ranger电动汽车和P2000燃料电池车
	米其林集团发起必比登环保挑战赛
1999	福特汽车公司推出全球唯一一个全系列环保汽车品牌"Th!nk"
	本田搭载IMA系统的Insight混合动力电动汽车在美国正式上市,成为第一个在北美销售混合动力电动汽车的公司
2000	福特发布了Focus燃料电池电动汽车的最早车型
2001	福特发布的第一款氢内燃机演示车
2002	第四次石油危机爆发
	美国能源部发布Freedom CAR计划启动
	丰田汽车公司在日本和美国销售世界上第一批燃料电池电动汽车Toyota FCHV
	本田汽车公司的FCX获得美国环境保护厅(EPA)零污染车辆认定

(续)

时间	事　件
2002	日本本田的 FCX 燃料电池——超级电容混合动力电动汽车获得美国环境保护厅（EPA）零污染车辆认定，是世界上首辆获此殊荣的燃料电池电动汽车
	北京现代汽车有限公司挂牌成为中国加入 WTO 后被批准的第一个汽车生产领域的中外合资项目
2003	UNDP 项目一期在中国北京启动
	名为 CUTE 的欧盟财政资助示范项目启动
	同济大学成功研制中国第一辆燃料电池轿车"超越一号"并开始示范运行
2004	日本政府启动氢能与燃料电池项目 JHFC Project
	CAFCP 示范项目启动
2005	全球首座加氢站在美国首都华盛顿建成
	第一款真正为比亚迪打开汽车市场的 F3 车型诞生
2006	第一代特斯拉 Roadster 在加州圣莫尼卡亮相
	福特汽车推出了超级首领概念车 F-250，是全球第一辆三燃料（Tri-Fiex）汽车
	福特氢燃料 V-10 发动机正式在美国密执安州迪尔伯恩海茨投产，福特汽车公司成为世界首个正式生产氢燃料发动机的汽车制造商
	本田开发出 V 型流场电堆，能在 -30℃ 的低温下无障碍启动
	比亚迪第一款搭载磷酸铁锂的 F3e 车型研发成功
	上海 11 路超级电容公交车示范线路正式开通，这是世界上第一条具有商业示范意义的超级电容运营线路
2007	中国首座加氢站在上海安亭国际汽车城建成
	我国自主研制的第一台氢内燃发动机在长安集团点火成功
	UNDP 项目二期在中国上海实施
	在底特律举办的北美国际汽车展上，雪佛兰 Volt 概念车揭开面纱
2008	超越系列的后续车型作为北京奥运会官方用车
	长安自主研发的中国首款氢动力概念跑车"氢程"震撼亮相北京车展
2009	中国出台《节能与新能源汽车示范推广财政补助资金管理暂行办法》
	美国政府宣布提供 24 亿美元来补贴新型电动汽车与电池的研发
	《中美联合声明》发表，电动汽车是其中一项重要内容
	日本东海大学"东海挑战者"以 100.54 km/h 的平均速度在澳大利亚"世界太阳能汽车挑战赛"上获得冠军
	谷歌创建了自动驾驶汽车项目
2010	特斯拉上市
	日产 Leaf 聆风正式上市销售
	比亚迪 F3DM 低碳版双模电动车上市，是全球第一款上市的不依赖专业充电站的双模电动车
	美国颁布了以 IEEE 802.11P 作为底层通信协议和 IEEE 1609 系列规范作为高层通信协议的 V2X 网联通信标准
2011	由一汽集团与国防科技大学共同研制的红旗 HQ3 无人驾驶汽车完成了 286km 的面向高速公路的全程无人驾驶试验
	美国通用 GM 公司在日本横滨举办的"2011 人与车技术展"上，首次在日本亮相一款增程式电动汽车 E-REV

（续）

时间	事件
2012	日本东海大学车队的太阳能汽车在南非共和国举行的"南非太阳能汽车挑战赛2012"上获得冠军，这是该车队自第一届大赛以来第三次获得冠军
	谷歌自动驾驶汽车获得美国内华达州颁发的首批执照
	军事交通学院"军交猛狮Ⅲ号"以无人驾驶状态行驶114km，最高时速为105km/h
	Motor Trend 杂志将北美2013年度车型授予了Model S，是历史上第一次将年度车型授予电动车
	英国自由民主党计划到2040年在英国禁止汽油和柴油车，只允许超高效的混合动力和电动汽车上路[3]
	宝马发布第一款全电动汽车 i3
	保时捷918 Spyder 成为第一辆在纽博格林北赛道跑进7分30秒内并拥有全球上路许可证的量产车
	中国财政部、科技部、工业和信息化部、发展改革委确认28个城市或区域为第一批新能源汽车推广应用城市[4]
2014	新加坡成立自动驾驶汽车动议委员会，用于监管自动驾驶汽车的研究和测试
	大众在洛杉矶车展首次展示具有燃料电池动力总成高尔夫 SportWagen HyMotion
	丰田公司的燃料电池汽车 Mirai 在洛杉矶车展首次公开亮相，这是世界上第一个出现在大众市场的燃料电池汽车
	广州小鹏汽车科技有限公司成立，是智能汽车设计及制造商
	在纽约车展上，现代汽车全球首发了第九代索纳塔车型
2015	特斯拉中国为中国车主推出免费家用充电桩及全方位安装服务，宣布深圳特斯拉车主获得新能源汽车牌照等服务[5]
	宝马发布一款搭载氢燃料电池动力的 i8 原型车[6]
	北京市科委双新处处长许心超透露，充电国标的修订工作已基本完成[7]
	中国新能源汽车生产量大幅提升，成为世界第一大新能源汽车市场[8]
	威马汽车科技集团成立，是中国新兴新能源汽车产品及出行方案提供商
	由密歇根大学主导、密歇根州交通部支持的无人驾驶虚拟之城 Mcity 正式对外开放
	长安汽车发布智能化汽车"654战略"
	宇通大型客车在完全开放道路环境下完成自动驾驶试验，共行驶32.6km，最高速度68km/h，全程无人工干预
	百度宣布正式成立自动驾驶事业部
	比亚迪开启预售其首款542战略车型——唐，是全球首款三擎四驱双模SUV
	Formula E 国际汽联电动方程式锦标赛首个赛季（2014—2015年）最后一站在伦敦完赛，蔚来汽车 TCR 车队的车手小皮奎特获历史上首个年度车手总冠军
	第四代 Prius 在美国内华达州的拉斯维加斯向全球首次公开亮相
	在北美车展上，现代发布了旗下首款插电式混合动力车型——索纳塔 Plug-in Hybrid Electric Vehicle（PHEV）

（续）

时间	事件
2016	特斯拉将推进国标充电接口，暂未考虑共享超级充电站[9]
	摩洛哥马拉喀什市与扬子江汽车集团有限公司在武汉签下 4000 万美元的价格购买 35 辆扬子江新能源公交车以及后期运营、管理等配套服务的合同[10]
	全球首款采用新能源技术的矿用车——东风巨无霸混合动力矿用车 DF45E 在深圳第十八届中国国际高新技术成果交易会举行首发仪式[11]
	兰博基尼即将推出首款量产版插电式混动 SUV，新车搭载 4.0 升双涡轮增压 V8 发动机，有望于 2018 年正式上市[12]
	小鹏汽车正式发布了首款车型——小鹏汽车 BETA 版，其定位为一款纯电动 SUV
	薄膜太阳能发电技术的领导者汉能集团发布了 Solar 系列全太阳能动力汽车
	联合国发布《国际道路交通公约》修正案，允许汽车在特定期间内进行自动驾驶
	美国发布了《联邦自动驾驶汽车政策指南》
	世界上首个自动驾驶出租车 NuTonomy 公司在新加坡正式开始营运载客
	比亚迪 K9 纯电动双层大巴伦敦交付，并首次登陆韩国，拿下美国最大的电动卡车订单，赢得意大利首个纯电动大巴招标
2017	戴姆勒与北汽共同投资 50 亿元人民币，在北京奔驰建立纯电动车生产基地及动力电池工厂，生产梅赛德斯-奔驰品牌的纯电动车产品[13]
	法国轨道交通建设巨头阿尔斯通公司宣布，由其生产的世界首款以氢为能源的火车将于 2021 年在德国正式开跑[14]
	全球很多国家和车企开始陆续发布了燃油车禁售时间表
	《合作式智能交通系统车用通信系统应用层及应用数据交互标准》正式发布
	德国联邦交通部的伦理委员会率先研究提交了世界上第一份自动驾驶指导原则
	西班牙巴塞罗那举行的奥迪首届全球品牌峰会上，正式发布新一代奥迪 A8，该车是全球首款实现 Level 3（SAE）级别自动驾驶的量产
	量产车蔚来 ES8 首次揭开面纱
	国网电动汽车公司与吉利新能源在北京签订了深度合作协议[15]
	戴森首席执行官骆文襟宣布了戴森将要在新加坡建立工厂的消息
	德国汽车制造商宝马与瑞典电池公司 Northvolt 以及比利时材料回收集团优美科（Umicore）成立联合技术联盟
	百度在第二届百度 AI 开发者大会上宣布，与厦门金龙合作生产的首款 Level 4 级自驾巴士"阿波龙"已经量产下线
	蔚来电动汽车 0312 号车主 Lance 驾驶的 ES8 成功创造吉尼斯世界纪录称号——"电动汽车行驶的最高海拔"
	小鹏互联网汽车 G3 在美国 GES 展全球首发亮相
	威马旗下首款全车交互智能纯电 SUV——EX5 正式开启交付
	理想汽车发布首款增程式智能电动车——理想 ONE

(续)

时间	事 件
2019	恒大 NEVS 与科尼赛克强强合作，打造世界顶级新能源汽车[16]
	特斯拉上海超级工厂正式开工，是特斯拉在美国之外的首个超级工厂
	清远市区新能源电动公交车投放运营仪式在清远城北汽车客运站顺利举行[17]
	亚洲最大的汽车公司丰田在日本宣布，将免费授权其混动汽车专利直到 2030 年[18]
	比亚迪在深圳总部与澳大利亚运营商 Nexport，以及澳大利亚 Macquarie 银行共同签署了总数为 200 台的纯电动卡车销售协议[19]
	西班牙政府宣布使西班牙成为电动汽车行业的领军者之一[20]
	万向一二三和 Ionic Materials 公司的全固态电池研发取得里程碑式进展
	宝马集团在京宣布将携手中国联通等合作伙伴共同布局 5G 未来出行[21]
	北京经济技术开发区建设全国领先的开放测试 LTE-V2X 车联网有望年底前实现[23]
	德国联邦经济和能源部宣布，欧洲 9 国决定建立欧洲第二个电池产业联盟[24]
	德国汽车巨头戴姆勒与 Torc Robotics 合作，在美国弗吉尼亚州的高速公路上测试 4 级自动驾驶卡车[25]
	特斯拉收购加拿大电池制造设备和工程技术公司 Hibar，开始自主生产电池[26]
	位于上海的西上海油氢合建站和安智油氢合建站建成落地[27]
	广汽新能源 Aion S 在发布
	意大利著名超跑品牌兰博基尼发布了旗下首辆混合动力超级跑车 Sian FKP 37
	Lightyear 发布了一辆世界上第一辆远程太阳能汽车 Lightyear One
	中国北京举办世界智能网联汽车大会
	吉利几何 A 成为吉利新能源 2019 年首款全新正向研发的高性能纯电动轿车
	蔚来第三款量产车——智能电动轿跑 SUV EC6 全球首秀
	小鹏 P7 在上海车展首次亮相并启动预售
2020	中国电动汽车百人会在北京钓鱼台国宾馆召开
	特斯拉在上海特斯拉超级工厂举行了首批国产版特斯拉 Model 3 交车仪式

参 考 文 献

[1] 周苏. 电动汽车简史 [M]. 上海：同济大学出版社，2010.

[2] 李大玖. 美国纽约州启动电动汽车充电站计划 [EB/OL]. [2013-04-12]. http：//www.chexun.com/2013-04-12/101813806.html.

[3] 阿宇. 英国拟 2040 年禁用汽柴油车 推广高效电动车 [EB/OL]. [2013-08-24]. http：//www.chexun.com/2013-08-24/102024923.html.

[4] 中央政府门户网站. 四部委确定首批新能源汽车推广应用城市或区域名单 [EB/OL]. [2013-11-26]. http：//www.gov.cn/gzdt/2013-11/26/content_2534674.htm.

[5] 中国证券报-中证网. 特斯拉将在中国市场加快本地化进程 [EB/OL]. [2015-04-07]. http：//www.china-nengyuan.com/news/75330.html.

[6] 新浪汽车. 宝马发布 i8 氢燃料电池版研究用车 [EB/OL]. [2015-07-02]. http：//auto.sina.com.cn/haiwai/2015-07-02/detail-ifxennen6851799.shtml.

[7] 中研普华财经. 充电国标修订工作完成有望 8 月发布 [EB/OL]. [2015-07-16]. http：//

finance. chinairn. com/News/2015/07/16/154444785. html.

[8] 中国能源研究网. 今年我国将超美跃为世界第一大新能源汽车市场 [EB/OL]. [2015-12-24] http://energy. chinairn. com/news/20151224/160702719. shtml.

[9] 一财网. 特斯拉将推进国标充电接口 暂未考虑共享超级充电站 [EB/OL]. [2016-01-12] https://www. yicai. com/news/4737871. html.

[10] 赵峰、张英. 选定扬子江35辆新能源公交车 摩洛哥代表团3日率先签约 [EB/OL]. [2016-06-04] http://www. hubei. gov. cn/zwgk/hbyw/hbywqb/201606/t20160604_843894. shtml.

[11] 张维. 新能源矿用车首次亮相高交会"耗油大户"变身"节能高手" [EB/OL]. [2016-11-16]. http://www. gov. cn/xinwen/2016-11/16/content_5133314. htm? from = groupmessage&isappinstalled = 0.

[12] 裴健如. 兰博基尼首款插电式混动SUV 2018年上市 [EB/OL]. [2016-12-30]. http://news. bitauto. com/hao/wenzhang/134723.

[13] 陈楚潺. 戴姆勒与北汽共同投资50亿在京生产纯电动车及电池 [EB/OL]. [2017-07-05] https://finance. sina. com. cn/roll/2017-07-05/doc-ifyhvyie0260102. shtml.

[14] 新华社. 首款氢燃料火车4年后开跑:一次跑1000公里 只排放水 [EB/OL]. [2017-11-11] https://news. qq. com/a/20171111/008137. htm.

[15] 搜狐. 吉利新能源与国网电动达成战略合作 [EB/OL]. [2018-08-10]. http://www. sohu. com/a/246430672_386915.

[16] 恒大集团官网. 恒大NEVS与科尼赛克强强合作 打造世界最顶级新能源汽车 [EB/OL]. [2019-01-29]. https://www. evergrande. com/News/Details/217292.

[17] 岳韵萱. 推进"绿色出行",清远市区再投入120辆纯电动公交车 [EB/OL]. [2019-01-28]. https://static. nfapp. southcn. com/content/201901/28/c1884778. html.

[18] 张国斌. 丰田宣布免费授权近24000项混动车专利技术:发动机可外卖友商 [EB/OL]. [2019-04-04] http://www. eetrend. com/node/100129030.

[19] 商用车网. 200台!比亚迪斩获澳大利亚最大纯电动卡车订单 [EB/OL]. [2019-04-30]. http://www. chinacar. com. cn/newsview271904. html.

[20] 参考消息. 西班牙在中国寻找电动汽车发展的灵感和伙伴 [EB/OL]. [2019-06-10]. http://www. china-nengyuan. com/news/140366. html.

[21] 新能源观察. 中国联通携手宝马,共同开启首个5G车联网项目 [EB/OL]. [2019-07-24] http://baijiahao. baidu. com/s? id = 1639907598031144077&wfr = spider&for = pc.

[22] 搜狐网. 智慧充电新跨越!国家电网有限公司与恒大集团有限公司合资成立 [EB/OL]. [2019-07-28]. http://www. sohu. com/a/329868025_120209232.

[23] 北京日报客户端. 北京亦庄年底前5G全域覆盖,40km^{2}开放自动驾驶测试 [EB/OL]. [2019-08-29]. http://www. sohu. com/a/337395124_664487.

[24] 新华网. 欧洲建立第二个电池产业联盟 [EB/OL]. [2019-09-06]. http://www. xinhuanet. com/world/2019-09/06/c_1124970395. htm.

[25] 于健. 戴姆勒开始在美国公共道路上测试无人驾驶卡车 [EB/OL]. [2019-09-11] http://finance. sina. com. cn/stock/usstock/c/2019-09-11/doc-iicezueu4951059. shtml.

[26] 李明. 特斯拉收购电池制造设备公司Hibar推进自主生产电池, [EB/OL]. [2019-10-05]. https://tech. sina. com. cn/it/2019-10-05/doc-iicezuev0273867. shtml.

[27] 翁萌. 上海首批商业化油氢合建站落地运营 [EB/OL]. [2019-11-19]. https://m. autohome. com. cn/news/201911/951778. html.

图 1-4　弗朗茨·克拉沃格尔展示的电动两轮车

图 1-5　古斯塔夫·特鲁夫制造的第一台电动汽车

图 2-1　Citicar 电动汽车

图 2-2　1914 年福特概念电动汽车

图 2-5　通用第一代 EV1

图 2-7　特斯拉 Roadster

图 2-16　丰田 RAV4 电动汽车

图 2-17　日产 Tama EV

图 2-21　全新一代日产聆风

图 2-31　宝马 i4 概念车

图 2-32　大众 e-Golf

图 2-39　现代 Kona EV

图 2-43　标致品牌第一款电动汽车 VLV

图 2-46　雷诺 ZOE 电动汽车

图 2-51　比亚迪电动大巴 K9

图 2-53　比亚迪 e2

图 2-60　吉利几何 A

图 2-61　蔚来 EP9

图 2-62　蔚来概念车 EVE

图 2-67　北汽 EX3

图 2-70　小鹏汽车 BETA 版

图 2-76　威马 EVOLVE CONCEPT

图 2-78　宝骏 E100

图 2-80　广汽新能源 Aion S

图 2-86 瑞虎 e

图 3-1 Lohner-Porsche Semper Vivus

图 3-2 第一代丰田 Prius

图 3-15 三菱欧蓝德 PHEV 驾驶模式

图 3-22 本田新款 CRV 锐·混动

图 3-23 宝马 530e

图 3-27 保时捷 918 Spyder 混动版

图 3-28 雪佛兰 Volt 车身

图 3-30　索纳塔 PHEV

图 3-39　新一代比亚迪唐 DM 动力系统

图 3-40　理想 ONE 增程式电动汽车

图 4-1　Allis-Chalmers 农用拖拉机

图 4-2　第一辆燃料电池公路车辆

图 4-3　通用 HydroGen1 燃料电池电动汽车

图 4-7　福特燃料电池 Focus

图 4-9　本田 Clarity Fuel Cell 氢燃料电池电动汽车

图 4-10　奥迪 A7 Sportback h-tron quattro 燃料电池电动汽车

图 4-11　高尔夫 SportWagen HyMotion 燃料电池电动汽车

图 4-13　超越一号

图 4-14　荣威 950 插电式氢燃料电池轿车

图 5-2　马自达 RX-8 Hydrogen RE

图 5-3　宝马 H2R Concept

图 5-6　福特 F-250 Super Chief 概念车

图 5-7　福特 E-450 型氢燃料巴士

图 5-9　中国首款氢动力概念跑车"氢程"

图 6-2　日产并联混合动力货车

图 6-3　兰博基尼 Sian

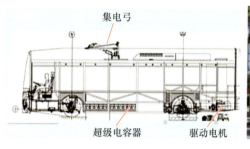

图 6-5　上海 11 路公交车

图 6-8　应用飞轮混动系统的 F1 赛车

图 6-11　奥迪 R18

图 6-12　光年一号（Lightyear One）

图 6-15　荷兰 Stella Era

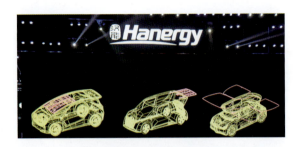

图 6-16 汉能 Solar 太阳能汽车可展开的太阳能电池板

图 6-19 全世界第一辆智能驾驶车辆

图 6-27 戴姆勒未来巴士

图 6-29 全球第一辆无人驾驶的士

图 6-34 阿尔法巴智能驾驶公交系统

图 6-35 阿波龙

图 6-40 Robotaxi

图 6-41 2020 年新型冠状病毒肺炎"抗疫"中投入使用的无人驾驶设备